中国国家科技奖励制度
演进、特征与变革

孟宪飞　张寒　李正风　著

清华大学出版社
北京

内 容 简 介

本书系统回顾了中国国家科技奖励制度的历史演进，基于行动者网络理论对国家科技奖励的制度设计及其评奖过程进行了深入分析，揭示了中国政府主导的科技奖励体系形成的内在机理，弥补了现有研究的空缺；系统考察了国家科技奖励评审过程中的人与非人的行动者等不同因素及其交互作用，发现国家科技奖励制度设计中的不足，发掘其存在的各种矛盾冲突的根源。通过对比分析美国、英国、法国、德国等科技强国的科技奖励的演化及特征，为完善我国科技奖励制度提供启发。

本书可供社会学、科技哲学、科技政策、科技管理等相关领域高校师生和科研院所研究人员及相关技术人员阅读参考。

图书在版编目 (CIP) 数据

中国国家科技奖励制度：演进、特征与变革 / 孟宪飞, 张寒, 李正风著. -- 北京：清华大学出版社, 2025.8. -- ISBN 978-7-302-70197-2

Ⅰ. G322

中国国家版本馆CIP数据核字第2025UN3654号

责任编辑：孙亚楠
封面设计：何凤霞
责任校对：薄军霞
责任印制：刘海龙

出版发行：清华大学出版社
   网　　址：https://www.tup.com.cn，https://www.wqxuetang.com
   地　　址：北京清华大学学研大厦 A 座　　　邮　　编：100084
   社 总 机：010-83470000　　　　　　　　邮　　购：010-62786544
   投稿与读者服务：010-62776969，c-service@tup.tsinghua.edu.cn
   质量反馈：010-62772015，zhiliang@tup.tsinghua.edu.cn
印 装 者：大厂回族自治县彩虹印刷有限公司
经　　销：全国新华书店
开　　本：170mm×240mm　　印　　张：11　　字　　数：196 千字
版　　次：2025 年 9 月第 1 版　　　　　　印　　次：2025 年 9 月第 1 次印刷
定　　价：69.00 元

产品编号：111453-01

序　言

　　《中国国家科技奖励制度：演进、特征与变革》深入分析了中国国家科技奖励制度的历史发展、评审机制及其所面临的挑战。作为推动科技进步和创新的重要引擎，科技奖励制度在中国的创新体系中扮演着重要角色。然而，随着科技体制改革的深入推进和全球科技竞争格局的变化，国家科技奖励制度面临着新的机遇和挑战。在国内学术界，关于中国科技奖励制度的学理性研究仍显不足，特别是对于其内在机制和微观操作的探讨较为薄弱。本书填补了这一空白，不仅详细分析了中国国家科技奖励制度的历史演变与评审机制，还运用行动者网络理论的创新视角，揭示了中国政府主导的科技奖励体系的复杂性与社会建构因素，特别是在评审制度的微观分析上有创新性见解。

　　首先，书中详细回顾了中国国家科技奖励的历史演变，系统梳理了新中国成立以来关于科技奖励的相关政策与法规，并探讨了国家科技奖励体系在不同历史时期的形成与发展。这一部分为读者提供了对国家科技奖励基本框架的全面理解，并为后续分析奠定了基础。

　　其次，书中通过行动者网络理论分析了国家科技奖评审过程中的"行动者网络"。该理论视角将人类行动者和非人行动者（如制度、技术、政策等）视为相互联结并共同推动评审过程的关键因素。作者通过"参与－观察"的方法，跟踪了多个典型科技奖励项目的申报、推荐和评审过程，从微观层面揭示了报奖人、报奖单位、评审专家等多方之间复杂的互动关系，探索了如何通过招募同盟、动员代言人、纠错机制等策略构建竞争优势，最终影响奖项评定。这一分析展示了科技奖励背后的博弈与复杂性，同时促使我们重新思考科技奖励如何通过网络化互动强化其权威性。

　　行动者网络理论的引入是本书的最大亮点之一，它突破了传统研究对"已形成科学"的局限，转而关注"形成中的科学"，即奖项评审过程中众多行动者的互动。在这一视角下，科学和技术的进展不仅是客观成果的展示，更是多个社会因素交织作用的结果。科技奖励的评审过程成为"行动中的科学"——既体现了科学的动态过程，也暴露了其中的矛盾与冲突，揭示了制度设计与实际操作之间的张力。研究发现，国家科技奖励的评审不仅依赖于科研人员和单位之间的互动，还受到诸多非人行动者（如科技政策、制度设计等）和多元力量的共同推动。正是这些复杂的网络结构和行动者间的互动关系，使国家科技奖的权威性得以强化，并成为推动国家科技发展和资源配置的重要工具。

通过对比分析美国、英国、法国、德国等科技强国的科技奖励制度，作者进一步强调了科技奖励在国家科技创新体系中的作用，特别是如何通过优化奖励机制，推动中国实现高水平科技自立自强，服务国家发展战略目标。在中国迈向科技自立自强、建设世界科技强国的关键阶段，书中提出，强化科技奖励制度的引导激励功能能够更好地引导科研人才聚焦国家安全、关键核心技术等战略领域，推动科技创新与国家发展战略的紧密对接。

总体而言，《中国国家科技奖励制度：演进、特征与变革》通过创新的理论框架和实证研究，深刻揭示了中国国家科技奖励制度的复杂性与矛盾。它不仅为学术界提供了关于科技奖励制度的深入分析，也为政策制定者、科研管理者提供了切实可行的改进意见。本书的出版，有助于增强了解中国科技奖励制度、探索科技创新政策改革举措，对于推动中国科技体制的完善与创新具有重要学术价值和现实意义。

清华大学土木工程系教授
清华大学学术委员会主任
2025 年 5 月

前　言

　　科技奖励是国际上广泛实行的促进科学技术事业的发展和推动社会进步的重要制度。一个国家的科技奖励制度与该国的科技体制存在紧密联系，具有明显国别差异。本书以中国国家科技奖励为主要研究对象，在探讨国家科技奖励制度历史演变的基础上，基于"行动者网络理论"的视角系统研究了中国国家科技奖励评审的运行机制和特征，探讨国家科技奖权威性形成的机理，进而反思中国国家科技奖存在的问题，并有针对性地提出改进国家科技奖励制度的相关对策。

　　本书对 1949 年新中国成立以来的科技奖励制度的历史演变过程进行了纵向梳理，研究发现无论是在计划经济时期，还是在转型阶段，乃至进入社会主义市场经济时期，中国国家科技奖始终在科技奖励体系中具有很高的权威性。单纯从中国进入市场经济阶段时间较短，计划经济影响较深来解释这个现象是不够的。本书认为，这种状况与国家科技奖的评审过程及其行动者网络对国家科技奖权威性的不断强化有密切关系。

　　基于行动者网络理论的分析视角，采用科学、技术与社会（STS）的"参与－观察"方法跟踪了 T 大学多个典型的国家科学技术奖励项目的申报、推荐、评审全过程，发现报奖人和报奖单位等奖励诉求方，奖励组织管理单位、评审专家之间存在广泛的网络联结，其联结不仅仅是通过人类行动者的互动，还包括非人行动者的积极参与。本书具体剖析了国家科技奖评审行动者网络的建构过程，通过研究评审中行动者如何通过强制通行点、招募同盟者、动员代言人，以及在评审过程中的纠错机制等，解析了各行动者之间复杂的相互关系和网络结构。研究发现，中国国家科技奖励存在以下特征：第一，国家科技奖采用"限额推荐"的制度设计，本质上起到了"强化"国家科技奖的权威性的作用，"提名制"改革后虽弱化了"强制通行点"，但并没有改变报奖者的"招募"和"动员"的特点，国家科技奖的权威自我强化方面没有得到根本性改善，也极大地压缩了学术界或民间社会力量科技奖励成长的空间。第二，报奖过程构建出复杂的行动者网络体系，成为报奖者遵循的基本策略，通过招募同盟者和动员代言人，构建和扩大竞争优势提高获奖的概率。第三，国家科技奖自下而上递进的纵向结构形成一种信用叠加和权威强化，在一定程度上抑制了民间科技奖的发展。第四，国家科技奖权威性的不断强化及其与科技资源分配的紧密关联，导致国家科技奖功能的异化，突出表现在国家科技奖励中的功利化导向，科研工作者及其所在单位将获得国家科技奖视为竞争有限科技资源的手段。即便科研人员或科研机构对这种奖励制度和评审机制多有异议，但也往往不得不卷入这场复杂的竞争场域之中。

科技奖励是国家创新体系建设的重要组成部分和重大制度安排，聚焦服务国家发展战略需求，强化科技奖励导向功能，是国家科技奖励制度的根本目标。当前，中国正处在建设世界科技强国、实现高水平科技自立自强的新阶段，面对全球科技创新格局巨变、百年未有之大变局和新时代中国创新发展面临的国内外重大挑战与新的历史机遇。进一步强化科技奖励引导激励功能，就是要通过奖励制度引导人才聚焦科技创新事关国家安全和长远发展的战略领域与关键核心技术，激励人才做出原创性、变革性工作，这将有助于推动中国科技创新，为国家发展战略服务。

目　　录

第 1 章

绪　　论

1.1　研究背景和意义

1.1.1　研究背景

科技奖励制度是国际上广泛实行的促进科学技术发展和推动社会进步的重要制度。1949 年新中国成立以来，为激励科技发展和满足国家经济、社会发展需要，政府根据各时期的科技方针制定了相应的科技奖励政策。但中国科技奖励体系长期依附于政府的行政体系，政府设立的科技奖励始终处于主导地位，奖励的权威性和声望取决于政府评审部门的行政级别或职能大小，学术组织和学术团体评价与奖励的作用没有充分发挥出来 [1]。可以说，中国的科技奖励体系建设未经过小科学时代的充分发展，便直接跨入了国家大科学时代，后果是科研人员都盯着国家科技奖，只有得到政府官方的承认和正式颁发证书才能反映荣誉、水平和社会影响，而科技共同体内部奖励的声望却严重不足 [2-3]。

尽管 1999 年国家科学技术奖励条例颁布之后，民间科技奖励快速发展，但中国的科技奖励体系仍是政府奖励为主、民间社会力量奖励为辅。有学者研究发现，中国各级政府部门设立的各种科技奖励多达 2000 余项，而民间社会力量设立的各类科技奖励仅为 200 余项，仅为政府科技奖励的 10% 左右，有影响力的知名民间科技大奖更少 [4]。

总体状况是，中国科技奖励长期以来是国家科技奖为主，民间科技奖为辅，利弊各具，争议颇多。肯定者的主要意见是：政府设立的奖励，尤其是国家科技奖励渗透了政府的权威信用和丰富资源，摘取了国家科技大奖的科学家，享有崇高的荣誉及配套奖励，会更容易获得进一步研究所需要的研究经费、尖端仪器、额外研究生名额、高端合作人才等 [5]，也即进入"良性循环"，获得更多的项目和奖励，获取更多的科技资源。国家科技奖励为科学家积累了信用资源和声望，反过来，也使得国家科技奖励在科学家群体中的声望进一步强化，在国内科技界影响深远。但近年来，社会各界对中国现行的科技奖励制度也存在一定质疑。2011 年，全国政协就科技评价体系以及科技奖励制度改革等相关问题开展了深入调研，调研结果[①]认为：中国设立的国家科技奖对激发科研人员的积极性和创造性，促进社会发展和科技进步，都曾起到十分重要的历史推动作用[6]。然而随着全球科技的高速发展，国内对科技创新需求的大幅增加，该制度体系呈现出的弊端也越来越多，越来越严重，正面导向和激励作用日益减弱，负面消极作用却日益凸显。主要问题体现在以下几个方面：一是科技奖励学术性不强，政府主导和干预色彩较浓，专家学者和学术团体的作用发挥得不够。二是科技评价和奖励活动过多、过频。省级以下地方政府及其所属部门层层设奖情况也比较普遍，奖励数量过多，但质量不高，对政府科技奖励的声誉造成了一定的影响。三是限额推荐制在奖励申报和名额分配过程中容易出现拼凑报奖、恶意争夺名额的不良现象。四是科技评审机制不够科学和完善，缺乏具有资质的可信的第三方监督机构，奖励评审中影响公平公正性的不良现象客观存在，奖励活动公开透明度不够，评审和监督惩戒机制需要进一步完善。五是科技评价和科技奖励的价值导向不明确。科技奖励附带过多的荣誉和物质利益。社会力量设立科学技术奖的登记许可事项取消后，社会力量设奖管理制度亟须重建新模式。有影响力的社会科技奖励太少，相关的支持和引导政策不足。

总体上看，中国的科技奖励体系是由政府主导的，尽管人们意识到这种科技奖励体系存在多方面问题，但长期以来对其进行改进的措施往往很难奏效，甚至一些问题有进一步扩大的趋向。

1.1.2 研究意义

中国科技奖励在实际运行中遇到了诸多问题，社会各界对科技奖励的理解角度各异，结论各不相同，需要在理论上进行深入剖析。要使中国的科技奖励体制朝着完善、成熟的方向发展，必须基于创新型国家发展需求，基于中国科技奖励的现实状况。因此，剖析中国科技奖励制度发展的历史和现状，微观考察中国国家科技奖励评审制度，宏观对比发达国家科技奖励制度，反思探索中国国家科技奖励的改革发展之路，具有重要的理论价值和现实意义。

---

① 政协全国委员会教科文卫体委员会. 关于推进中国科技评价体系及奖励制度改革的意见和建议. 2011 年 9 月.

（1）理论意义

在理论方面，由于中国政府主导的科技奖励体系具有比较深厚的社会根源，反映了科技在社会中运行的一种特殊形态。研究该问题，对于认识不同类型的科技奖励制度及其差异，具有重要的学术价值，同时可以丰富对科技与社会关系的认识。本书试图在分析中国国家科技奖励体系历史演变和国际比较的基础上，通过对国家科技奖励评审过程及其行动者网络的分析，来探讨上述问题，进而提出改革完善中国国家科技奖励制度的对策建议。采用行动者网络理论分析视角对中国国家科技奖励评审制度及其评审过程进行研究，可进一步扩展科技奖励 STS 研究 ① 的案例。首先，动态地展示了报奖人、报奖单位、推荐 / 提名单位、提名专家、评审专家、评审委员等不同利益行动者是如何进入评审网络，形成彼此博弈、相互竞争，构成彼此关联的行动者网络，并在网络中处在怎样的位置以及发挥怎样的作用。其次，通过追随国家科技奖评审行动者网络各类行动者的实际行动，揭示了国家科技奖励评奖制度设计中所存在的缺陷和弊端，从"限额推荐制"到"提名制"的改革后，虽然弱化了国家科技奖评审行动者网络的"强制通行点"，但是报奖人同盟为了获得竞争优势，仍然需要去"招募"和"动员"新的同盟，如何保证提名者的学术独立性，避免与报奖人成为同盟，新的改革仍需进行。最后，指出中国科技奖励体系形成了层级递进的纵向结构，政府科技奖与民间社会科技奖处在不均衡的发展状态，国家科技奖处在中国科技奖励体系中的最高层级，并且存在权威的自我强化，导致一定程度上科技奖的功能异化，存在明显的科技奖励功利性导向，推进科技奖励制度回归学术本位的制度改革势在必行。

（2）现实意义

在现实方面，国家科技奖励备受社会各界关注，在科技、教育、医疗卫生以及经济社会发展等诸多领域都有重要影响。通过研究新中国成立以来中国科技奖励制度及其改革进程，比较分析中外科技奖励制度的差异，同时利用行动者网络理论分析中国国家科技奖励评审过程，可以认清中国政府主导的科技奖励体系形成的内在机理，找到制度设计错位的渊源，有助于促进中国科技奖励制度的改革和健康发展。

新中国成立以来，我国综合国力尤其是科技实力有了飞跃性发展，这离不开中

---

① 科学、技术与社会（STS）研究是一个综合性新型交叉学科研究领域，将科学知识的生产、科学研究活动作为社会现象来对待，其特征是对科学技术与社会的相互关系进行交叉研究，广泛采用人类学、民族志、田野调查、案例研究等社会学方法，弥补依靠文本窥探科学之道而经验不足的缺陷。

国特色科技奖励体系的贡献。虽然我国科技激励机制建设已取得明显成效，但在当前建设世界科技强国和实现高水平科技自立自强的时代背景下，还需要加大对高水平、原创性科技成果的奖励力度，我国科技奖励制度更要"立足新的发展阶段、构建新的发展格局、贯彻新的发展理念"，在引导科技发展方向和创新模式、激励和表彰科技创新人才、促进社会进步和国家发展的道路上，不断推进中国特色科技奖励体系的深层次改革、完善，以适应建设世界科技强国和高水平科技自立自强的这一新的发展阶段的需要。一方面，国家科技奖励作为一种特殊的激励措施，具有权威性、公信力、稀缺竞争等显著特征，因此必须具有标杆性和导向性，主要对标那些具有重大贡献的、原创性的、变革性的科技成果。另一方面，为激励各类创新主体发挥作用，鼓励不同类型科技奖励的设置领域与奖励标准，用清晰、量化的指标来说明获奖成果需要达到的标准，确保筛选出真正具有突破性、原创性的科技成果；要将常规的科技激励与科技奖励独立实施，避免形成连带效应和辐射效应。同时，要划清不同科技奖励制度的边界，制定合理的评审制度，以确保各种奖励之间相互独立，不存在递进关系。

1.2　科技奖励相关研究进展

西方国家的科技奖励早期被称为"科学奖励"或"奖励系统"[7]。自"默顿学派"开始，从科学社会学的角度对科学奖励制度展开了许多研究，提出科学奖励制度的功能强化理论、交换理论、信用循环理论等；近期的研究，许多学者采用科学计量学的方法对诺贝尔科学奖、菲尔兹奖、图灵奖、拉斯克医学奖等国际公认的自然科学领域的最高科学奖的获奖特征、获奖趋势、获奖机构、获奖人员年龄等做出了评价。对国外科技奖励制度研究状况的梳理和了解，对于深入研究中国科技奖励制度的演变具有重要的借鉴作用。

1.2.1　国外科技奖励相关研究进展

（1）早期"默顿学派"关于科学奖励制度的结构功能主义视角

20世纪初期，德国社会学家马克斯·韦伯（Marx Weber）开始把科学看作一种职业，并首次把从事知识活动的人作为一种社会角色来研究[8]。关于科技奖励制度的研究，最先由罗伯特·默顿（Robert K. Merton）开创的科学社会学关注最多。早在20世纪50—60年代，默顿着手研究社会因素对科学事业的影响时，发现科学奖励系统的形成及其发展也与科学事业本身一样，深受社会化建制的影响。默顿和他的学生开创了"默顿学派"，提出了科学奖励制度的"功能强化理论"：科学奖励制度本质上是一种功能强化制度，它通过动力机制和约束机制来强化科学的独创性认识功能，推动科学的发展[9-10]。像其他社会建制化过程一样，科学建制也发展了一种给那些实现了其规范要求的人分发奖励的经过精心设计的制度[11]。默顿的科学社会学理论体系将科学作为一种社会建制，研究了科学的精神气质、科学共同体的分层和马太效应，并分别研究了科学界的奖励系统、交流系统和评价系统。

沿着"默顿学派"的分析路径，科尔兄弟（Jonathan R.Cole & Stephen Cole）指出，科技奖励制度的良好运行取决于整个社会给个人地位安排的方式、报酬分配的方式、给杰出科学家提供奖励的方式，以及给具有非凡才能的人创造机会的方式等[12]。杰里·加斯顿（Jerry Gaston）认为科学家们十分重视同行学者对其科学贡献的承认，以及给予他的荣誉，而科学奖励系统的功能正在于对科学家扮演的科学角色的好坏、获得相应报酬的关系起着非常重要的作用[13]。伯纳德·巴伯（Bernad Barber）进一步指出科技奖励制度的设立成为科学界分层的必要条件，使科学共同体内部形成了等级明确的社会分层体系[14]。致力于诺贝尔奖研究的哈里特·朱克曼（Harriet Zuckerman）也指出，获得诺贝尔奖对科学家的科学研究具有显著的正向影响，诺贝尔获奖者平均每年发表论文 3.9 篇，其中发文效率最高者平均每年发表论文 10.4 篇[15]。

"默顿学派"关于科学奖励制度的功能主义分析范式，从角色、制度、影响、效果等方面探讨了科学奖励制度对科学界交流模式、社会分层、运行方式的直接影响，他们的观点或多或少对科学奖励制度带有一种"批判性反思"的意味，这些研究唤起了人们对科学奖励制度的关注，一定程度上揭示了科学界的社会关系结构，也勾勒出科学界的行为规范和运行方式，又被后来的研究或承接、或发展、或批判。这些研究最早提出受到社会因素建构起来的科学奖励制度，本身也建构着科学界的交流模式及其行为规范。

（2）科学知识社会学关于科学奖励制度研究的建构主义视角

进入 20 世纪大科学时代以来，科学成为一种高强度投资的活动，需要政府、工业部门、社会机构或企业的支持和资助。科学的目标在新时期发生了重大的变化，其不再仅仅是为了认识世界，还期望经济社会效益[16]。

20 世纪 70 年代，后现代思潮滥觞，也深刻影响着关于科学技术的研究。科学知识社会学（SSK）在欧洲的兴起，相比"默顿学派"等科学社会学的研究进路侧重于对科学在社会中的运行、科学建制的内部结构。SSK 学者认为社会因素不仅影响科学的规范结构、组织形式、互动方式，同样也影响科学内容本身，追问科学知识内容的社会性、社会形塑或社会建构。SSK 的基本观点是"所有科学知识都是社会建构的"，即科学知识和其他一切人类知识一样，都是作为信念而被处于一定的社会环境之中的人构建而成的，科学知识的生产及其应用总是和一定的生成情景相联系，强调在一个局部的、具体的文化情景中的科学实践活动。以大卫·布鲁尔（David Bloor）、巴里·巴恩斯（Barry Barnes）为主要代表的爱丁堡学派提出了因果性、公正性、对称性、反身性四条原则，被称为 SSK 的"强纲领"，揭示了科学知识和技术创新的生产与应用过程包含社会、文化和价值等因素，要求科学研究应当一视同仁地对待各个有关方面。由此看来，"科学标准本身就是一种特殊文化形式的组成部分，权威和控制对保持这种特殊形式的正当性是有必要的。因此，科学应当完全像任何其他知识或文化形式那样，受到社会学的考察"[17]。

科学知识社会学在批判和继承知识社会学以及默顿科学社会学基础上展开对科学知识的社会研究，形成了强纲领或弱纲领等不同解释路径，进一步影响到西方科技奖励理论的形成。布鲁诺·拉图尔（Brono Latour）、史蒂芬·伍尔加（Steve Woolgar）等认为关于科学的规范性解释，不能完全解释科学活动、科研人员行为，科学的运行受到社会的影响，科学知识的产生也不能排除在外。1979 年，他们发表了《实验室生活：科学事实的社会建构过程》①，从微观层面观察实验室生活的方式，将科学知识生产过程中所涉及的人、工具、物都链接起来，构成"行动者网络"，这成为 SSK 研究的一个非常重要的研究进路，也标志着科学知识社会学巴黎学派的诞生。他们探讨究竟"是什么激励着科研人员"，即"科研人员的科研动机是什么"的问题[18]。在研究方法上，开创了实验室的田野调查。通过深入科学家的实验室追随科学家的日常活动，打开科学知识生产的黑箱，让整个过程活生生地展示在人们面前。研究发现，科研人员通常会对正在从事或将要从事的科研工作进行评估。科学家们非常关注科研的投资、回报和信用（credit），虽然他们的表达方式是隐喻式的，但是无一例外地，有意识或无意识地谈论对科研机遇的评估、原始投资回报的确认、有利可图的研究等，反映出寻求"功绩"正是激发科研人员的动力。科学共同体经常采用"成就—奖励"模式，根据科学家之前的贡献进行奖励分配[19]。沃伦·哈格斯特洛姆（Warren Hagstrom）曾指出科学奖励系统就是一种"交换理

---

① 1986 年，第二版的副标题去掉了"社会"，直接用"科学实施的建构过程"。

论",科学家将自己的研究成果发表在学术期刊上或在学术会议上进行展示,就是通过"交换"以获得科学共同体的承认[20]。小摩里斯·李克特在此基础上推演出"一般类型的交换系统"和"科学交换系统"两种类型的交换系统。"一般交换系统"指科学家与企业家之间保持联系,例如科学家需要从企业家那里获得科研经费资助或者仪器设备支持等;"科学交换系统"则指科学家与科学共同体之间产生的联系。科学要进步发展,这两类交换系统必须并存,且缺一不可[21]。

再回到拉图尔等科学知识社会学的观点,人们将获得科技奖励作为"功绩"的最高目标,获得科学同行的认可。然而,科学家们不直接承认,甚至回避"功绩"对他们的诱惑,也不认同奖励就是他们追求的最终目标。"功绩－奖励"是以奖励机制为依据的,这些奖励象征着同行对科学家以往科研业绩的认可,但同时也代表了科学活动的结果。事实上,功绩投资类似于"资本循环",目的在于"积累",获得奖励只是功绩投资大循环中的一小部分,并不是到此就结束了。拉图尔和伍尔加对"作为奖励的功绩"和"作为可信性的功绩"两者之间做出了明确的区分。功绩投资的真正目的在于寻求"可信性",获得来自同行对科研人员的评价。当某位科学家因某项研究成果获得奖励,随之而来的声望本质上就代表着一定的"可信性"。这种"可信性"会使他更易获得进一步研究所需要的科研立项、研究经费、仪器设备以及富有激励性的同事、有才能的学生等,也能占用更多的科学资源,其新的研究成果也较容易进入科学交流系统并引起科学同行的关注,这一切有助于他获得进一步的奖励,由此构成了一个"信用循环"。信用也比奖励(reward)具有更为宽泛的含义[22]。也就是说,科学奖励系统已不仅仅是对做出贡献的科学家予以荣誉性的承认,而是更为本质地关系涉及科学的社会分层、科技资源的分配和科学发展方向的把控[23]。

科学知识社会学的研究进路,让人们对科技政策的研究也聚焦于对科学技术活动及其社会功能进行系统的研究,特别关注于科学技术领域的政策制定,以及在政策制定、文化和社会目标之间的关系。

(3)关于科学奖励制度的科学计量学研究

国外学者的研究比较关注某一个奖项的历史、声誉或认可度,尤其是关于诺贝尔奖的研究,哈里特·朱克曼对1901—1972年间在美国完成其获奖研究的92位诺贝尔奖获得者的生平进行了深入研究。她运用大量统计数据,将这些诺奖得主与"居第四十一席者"(那些虽未获奖但实力接近诺奖水平的科学家)以及普通科学家进行比较,旨在揭示诺奖得主在成长路径、科研环境和学术成就等方面的独特之处[24]。约翰·巴费斯等关注了诺贝尔奖评选委员会对被提名人年龄的倾向性研究[25]。杰里·加斯顿随机抽取了《英国科学知名人士》和《美国科学家》两书记载的 600 位科学家作为研究对象，发现决定科学家获得科学承认（即获奖）的关键因素是科学产出率（即发表论文的数量）[26]。还有一些研究，专门探讨了女性科学家在获得科学奖中的弱势地位。莎伦·伯奇·麦格雷恩（Sharon Bertsch McGrayne）等研究了获得诺贝尔奖的女性科学家的生活、奋斗和在科学领域的重大发现[27]。自 1902 年居里夫人获得诺贝尔奖之后，到 1995 年，共有 300 多位诺尔贝奖获得者，其中仅有 15 位女性科学家，不到总数的 3%[28]。

从某种程度来说，获得"科学奖"将引起科学分层、同行认可和科学话语主动权等相关的社会问题，然而，系统地从社会学或行为学的研究视角对"科学奖励"展开的研究较少。布鲁斯·格雷厄姆·查尔顿（Bruce Graham Charlton）采用科学计量学的方法，将诺贝尔科学奖作为评价或预测"科学革命"的重要指标，通过对 1947—2006 年诺贝尔奖获奖国家和所在机构的分析，来判断哪个国家、机构将成为世界卓越的科学中心[29]。他后来又提出一个新科学计量学矩阵，包括"诺贝尔奖—菲尔兹奖—拉斯克奖—图灵奖"（Nobel Prizes, Fields medals for Clinical Medical Research, Lasker awards and Turing awards，NFLT）四个科学奖，因为后三个奖项分别代表了数学、医学、计算机科学领域科研成果的最高成就[30]。事实上，上海交通大学每年公布的《世界一流大学学术排名》，也将获得诺贝尔奖、菲尔兹奖、图灵奖作为大学学术排名的重要指标之一。即便如此，查尔顿也认为用 NFLT 四个奖项作为评价"科学革命"的指标，也不过是冰山一角。获得上述"科学奖"的背后需要非常庞大和复杂的人或机构的支持，在此过程中，难免有很多重要的科学发现被"科学奖"所遗漏，从而低估了它们在科学革命中应有的地位。

（4）关于科学奖励制度的公正、公平问题的探讨

关于科学奖设置的合理性和公平性问题也引起了许多学者的关注。许多科学奖规定每个奖项的获奖人数的限制，例如诺贝尔奖、拉斯克奖（Lasker）规定获奖人数不超过三人，即"三人规则"。规定获奖人数的上限的目的之一是保证获得这类科学奖的崇高荣誉感，奖励贡献最大、最为杰出的科学家，同时科学奖本身也肩负着让公众了解科学的职能。"三人规则"对人数的限定也给评审委员会提出了非常严格的遴选要求，提名委员会需要对候选人资格进行非常深入和详细的分析[31]。但是，究竟设立几个名额是合理的？鉴于大科学时代，许多的科研成果都不是一个人、一个机构单独完成的。科学合作是这个时代科研活动的常态，那么究竟如何合

理地安排名额才是合理的，才能避免不必要的冲突？这不仅仅是科技政策要探讨的问题，更是科研伦理应该考虑的。科技史上，不乏诺贝尔奖颁奖过程中应该颁给几个人、排名序位的问题产生的争议。有人提出随着科学的快速发展，越来越多做出高质量科学研究的工作应该得到认可，同时科学研究的领域也在不断扩大，诺贝尔科学奖的授奖名额和领域也应该相应扩大，并且应该相应地给获奖者所在机构一定的奖励[32]。

罗伯特·马克·弗里德曼（Robert Marc Friedman）利用诺贝尔奖委员会公开的官方档案资料，仔细查阅了 1901—1950 年诺贝尔奖两个评选委员会的会议议程，揭露了奖项评选中种种生动的内幕，有时甚至是极具感情色彩的权谋斗争。他独特的研究方法和阐述方式，使历史从错误的观念中解放出来，给学者们提供了研究科技奖励的新视角。他指出：诺贝尔奖的评选过程中，诺贝尔奖委员会的组成肯定是关键的；判断、偏好和利益都不免会介入委员会的工作。在对几位都有得奖资格的候选人作选择时，并没有一个明晰而公正的标准可循。在诺贝尔奖的甄选过程中，瑞典科学家们在制定评选标准和组织评审程序方面发挥了决定性的作用。他们在各个诺贝尔奖委员会中担任关键职位，这种制度性安排确保了他们在评奖过程中的主导地位。要理解诺贝尔奖的评审决策，就必须了解这些委员会成员在科学上的倾向与优先关注点，包括他们的专业背景、对外交流情况以及个人抱负。委员们认为什么样的研究重要，往往直接影响物理学和化学领域中哪些专业方向会被纳入评选视野，哪些具体成果会被最终授予诺贝尔奖。在评估谁应获奖以及哪些成就值得嘉奖时，委员们究竟在做些什么？他们能否在作出"公正判断"时完全排除个人立场和偏见？对此的回答从"肯定不能"到"也许可以"，甚至是一个有条件的"可以"。要了解他们的行动，仅仅将委员们的科学趣味和智性上的爱好与候选人的成就作对比是不够的。要了解他们可能的动机、利益和偏见，以及在这个程序中所起的作用，必须拓宽视野[33]。

有许多研究关注科学奖励中的性别问题。瑞思玛·贾吉斯（Reshma Jagsi）等发现 1970—2004 年的 35 年间，在专业学术期刊上第一作者为女性作者或高级作者的比重都有明显提升，但是整体上女性作者还是少数[34]。朱莉·K. 西尔韦（Julie K Silver）等则研究了女性在科学获奖中的情况，他们统计了 1968—2015 年的 48 年间，美国物理医学及康复学院设置的科学奖，专门颁发给医生。曾共有 264 位获奖者，其中只有 42 位女医生，仅占获奖比例的 15.9%。调查研究认为评审委员会中女性的数量较少，也反映了女性在科学界的话语权较弱[35]。

近年来，对于政府资助的研究的评价，越来越强调科学技术研究活动的"社会－经济"影响及其公共价值，并且评价的角度也应该是多元的[36]。总而言之，对科学界来说，在科学辩论中的科学权威或权力来源于同行或公众的认可。奖励与同行评议类似于一对孪生兄弟，成为职业成就的"外部标志"，对科学从业者职业塑造、发展、晋升等有着重要的推动作用[37]。获得科学奖励是对科学家对社会贡献的公共认可，有的科学奖励并没有直接的经济利益，但却享有极高的社会地位。同时获得学术界的认可，形成身份分层和获得更高话语权[38]。各国普遍设有本国最高等级的科技奖项。例如，在英国，重要的科学奖项往往伴随着授予"爵士"头衔，或由皇家学会等权威机构颁发，不仅彰显国家对科学事业的高度重视，也构成了对科研人员的崇高社会认可。也有人提出批判，对科学家及其工作评价以是否获奖作为标志有很大争议，一方面是对科学家及其工作价值的忽视；另一方面，科学家获奖背后其实还有大量其他工作人员的努力，他们的工作也应该得到认可[39]。

1.2.2　中国科技奖励相关研究

中国现行的科技奖励制度是在改革开放的进程中逐步恢复和发展起来的，通过奖励在科学技术进步活动中做出突出贡献的公民、组织，对调动中国科学技术工作者的积极性和创造性，促进中国科学技术事业的发展起到了历史性的作用[40]。随着经济体制的转轨，科学技术奖励项目与中国经济、社会发展有脱节的现象，需要不断对科技奖励制度的政策导向、奖励层次、评审标准、指标体系等做出相应调整，在此过程中，汲取和借鉴了许多国外政府科技奖励的经验。

1985 年以前，中国学术界对科技奖励仅有少量研究。国务院于 1985 年 5 月批准成立了国家科技奖励工作办公室。随着科技奖励工作的广泛开展，在实际工作中遇到了一些棘手的现实问题，需要在理论上进行研究，在实践中进行改进。1986年，《科技奖励工作》杂志创办。1987 年 2 月，钱学森先生给该杂志编辑部写信建议创立"科技奖励学"，并给出了具体研究科技奖励的若干建议方案。在此背景下，越来越多的中国学者从社会学、科学学、行为科学和自然科学等不同角度加入跨学科研究中，并出版了《科技奖励的社会运行》《科技奖励的理论与实践》《科技奖励论》《中国近现代科技奖励制度研究》《科学技术奖励综论》等一系列研究专著。这些研究成果为中国科技奖励制度的改革与发展提供了重要的理论指导[41]。

30 多年来，我国学者发表了 4000 多篇中文文章研究科技奖励，涉及科技奖励运行机制、科技奖励制度、科技奖励体制改革、奖励政策研究等方面。通过文献调研和分析，国内学者针对政府科技奖励的研究主要分为以下几个方面：

（1）以获奖项目为研究对象的实证分析

1999 年，国务院对国家科技奖励制度进行重大改革，颁布了《国家科学技术奖励条例》，中国国家科技奖励制度向规范化、制度化和法制化方向发展。

此后，国内学术界以国家自然科学奖的获奖项目对研究对象展开了许多讨论，为完善科技奖励制度提供了研究支撑和政策依据。许多研究以获奖项目为研究对象，采用统计学的分析方法，考察了获奖人员情况、获奖单位类型、奖励强度和获奖成果的经济效益[42-43] 等。

通过对获奖人员情况的分析，科研人员的年龄是反映其研究能力、市场拓展能力等综合素质的重要指标。通过分析获奖人员的年龄结构，可以揭示中国科研团队的特点。以"九五"期间为例，获国家自然科技奖的主要完成人年龄集中在 56～65 岁。这一年龄段反映了中国基础研究领域科研人员年龄结构的老化，青年科技人员尚未成为核心骨干力量[44]。2001—2008 年，国家自然科学奖获奖项目的主要完成人的年龄逐步降低，峰值相对"九五"时期下降了 20 岁左右，基本形成了以中青年科研力量为主、老中青相结合的科研梯队，中青年科技人员逐步成为研究骨干和中坚力量[45]。

通过对获奖项目的机构分布情况的统计分析，可以看到中国自然科学领域的科研合作和全国基础科研研究力量的总体分布情况。张军亮的研究分析了 2008—2013 年国家自然科学奖的获奖项目数据，研究发现中国机构间的科研合作主要分布在机构内部，形成较小规模的研究团队，跨机构间的整体合作则相对较少[46]。国家自然科学奖获奖项目反映了国家基础研究的战略方向，代表中国科学发展的最高成就。国家科技奖励不仅是对科研成绩的认可，更是一种政策导向，引导中国科学技术发展的方向。通过获奖项目反馈出来的信息观察中国基础研究学科的优势分布，可以及时检验国家基础研究科技政策，进行适当调整，更有效地推进中国基础研究的发展，从而服务于国家科技创新体系的建设和国家发展战略[47]。比如创新型国家战略的实施突出强调原始性创新，政府通过增加国家自然科学奖和国家技术发明奖的数量，对科研人员进入科学原理、技术原理方面研究加大激励导向。又例如，随着建立"以高校、科研院所为主体的知识创新体系"和"以企业为主体的技术创新体系"的国家创新体系目标的提出，2007 年的国家科技奖励在推荐和评审过程中，侧重促进产学研相结合。

（2）针对政府科技奖励制度和运行机制的研究

随着经济体制的转轨，中国学者进一步探讨了科技奖励的概念、本质、社会功能，以及科技奖励制度和运行机制等。周志娟等以科学社会学视角回顾了默顿学派和贝尔纳路线，指出当代科技奖励研究应从科技、经济与社会发展现实中去发掘 [48]。黄祖军等回顾了国外科学奖励研究范式的转变，指出国外的科学知识社会学者们应进一步考虑科学奖励过程中的特殊因素、与境性以及科学家的主体因素 [49-50]。中国的科技奖励运行机制是政策驱动和利益驱动的，具体包括动力机制、利益机制、竞争机制和创新机制四个主要方面 [51]。当科技奖励的运行机制正常运转时，其相关功能才能得到充分发挥。成良斌等梳理了中国科技奖励制度与西方发达国家科技奖励制度的不同，涉及科技奖励体制，政府奖与民间奖比例，成果奖与人物奖的比例及管理模式，自然科学奖、发明奖和应用奖的比例，国际奖，企业奖，奖励方法与强度七方面的差异 [52]。李程程等指出中国科技奖励制度缺陷在于：从体制上看，中国科技奖励体制的改革滞后于经济体制的改革；从运行机制上看，计划经济的特征明显，行政色彩浓；从奖励导向作用上看，没有发挥出应有的作用 [53]。杨忠伟等认为，中国科技、经济和社会发展的阶段性决定了科技奖励体制改革不能一蹴而就，要考虑国情的特殊性。在建立现代科技奖励体制的进程中要有计划、分阶段进行 [54]。张功耀等认为中国科技奖励体制的问题在于奖励主体结构不合理；奖励客体结构不合理；奖励程序行政化 [55]。奉公等对科学技术奖励的海荐制与申报制进行了比较研究，认为海荐制中不存在一个如申报制中必然具有的申报者群体以及由其引发的一系列问题，候选人和获奖主体产生过程中欲获奖者开展运作的空间很小，推荐人能够独立表达自己的真实判断，评选结果能够反映科学技术共同体的认同，对奖励对象的瞄准率高，有利于激励创新、遏制竞相报奖的浮躁风气 [56]。焦贺言等详细分析了民间（非政府）科技奖励与国家科技奖励在奖励主体、评奖标准和范围、奖励对象、社会影响和奖后效应、获奖者年龄、奖项分布，以及申报和评审程序等方面的差异，并给出了发展民间科技奖励的建议 [57]。

国内学者还探讨了科技奖励中出现的各种现象和问题，如科技奖励的马太效应、时空效应，科技奖励的派生待遇、奖励过程中的越轨现象等。根据1968年科学社会学家默顿论述的在科学共同体和科技奖励中存在"马太效应" [58] 现象，熊小刚研究了中国科技奖励运行中的"马太效应"，即获奖者因为获得科技奖励而产生越来越多的竞争优势 [59]。王炎坤等将科技奖励中精神奖励对科技人员的长期性影响现象称为时空效应，认为时空效应使科技奖励的长效作用能满足科技人员的高层次需要，具有导向和激励作用 [60]。张忠奎在《科技奖励》一书中指出，影响科技奖励激励效果的因素包括奖励声誉、奖励强度、奖励数量、奖励派生待遇等 [61]。随后徐顽强等进一步研究发现，科技奖励过程中存在边际激励效用递减现象，影响因素包括奖励层次、奖励方式、奖励环境、奖励过程等[62]。刘爱玲等发现在同行评议专家选择、同行评议等过程中存在不同程度的越轨行为[63]，而报奖者的名望、身份职位、不完善的科技奖励制度、模糊的评价指标是造成科技奖励中越轨行为的主要原因[64]。竹立家认为，中国在科研资源分配、科研成果评价等方面存在着种种"论官行赏"的现象[65]。

（3）典型国家政府科技奖励的研究

各国为了保持、鼓励或推动本国某一方面的科学技术工作，设立政府科技奖，由政府奖励活动经费和奖金，或由国家元首颁奖，以彰显荣获政府科技奖的崇高声誉。目前，国内学者对国外政府科技奖的研究主要是概括性的介绍，包括政府科技奖的名称及其奖励范围和对象、评价机构、评选数量等基本情况。相比而言，关于国外科技奖励的分析，国内关注最多的是诺贝尔奖。从早期的"李约瑟难题"到"中国为什么与诺贝尔奖无缘"，中国学者从历史与现实相结合、文化与价值观念、科技体制与科研管理体系、国家创新体系等多种角度进行了许多阐释。世界各国普遍将获得诺贝尔科学奖作为创新型国家的重要标志之一，很长一段时期内，许多学者在诺贝尔奖获得者的国家身份归属的认定标准上也有着诸多争议。复旦大学的陈其荣教授认为采用"获奖者做出获奖研究工作的所在国家"的标准，更能反映出获奖研究工作所在国家的科学技术社会运行的支持系统。自然科学的发展遵循即有其固有的内在逻辑，同时也受制于自身的矛盾运动，本质上是一种需要良好的社会经济和文化环境作为支撑的社会活动。美国、英国、德国、法国是获得诺贝尔科学奖最多的几个国家，使诺贝尔科学奖的获得者高度集中在少数创新型国家中出现。这些国家有着各自独特的国家创新体系，但共同的特点是将原始性科技创新作为国家发展的基本战略取向[66]。

中国科学家屠呦呦获得 2015 年度诺贝尔生理学或医学奖后，一时间，国内学者再次掀起了对国内科技奖和国际科技奖对比的广泛讨论，尤其是关于科学奖励中"个人与集体"的关系，国内科学奖与国际科学奖在评奖价值取向上存在较大的差异[67]。科学发现权之争在科技史上并不少见，引发了对科技获奖评价的价值取向和评判标准之争。李伯聪[68]从科学社会学的角度分析屠呦呦获得诺贝尔奖过程中的优先权问题，驳斥了那些假借"集体主义"之名，否认个人的优先权的做法，称其为"畸变形式"。1995 年，全国疟疾防治研究的亲历者和见证人张剑方等 9 位专家联合签署了纪要《还"青蒿素"发明者应有的权利》，指出青蒿素抗疟疾作用的发现并非屠呦呦一人首创，呼吁还原科学贡献的集体属性[69]。围绕"屠呦呦与国家科技奖励工作办公室"之间关于"个人与集体"在科研发现中的权利归属之争所引发的争议，反映出我国在科技奖励制度上仍存在值得反思之处[70]。这一事件提示我们，应重新审视政府机构所制定的科技奖励标准及其评审程序与"创新驱动发展"战略之间的契合程度，思考国家科技奖励的评审结果是否能够真正反映科学共同体的广泛认同。同时，也有必要探讨一个根本性问题：科技奖励的对象究竟应当是突出个人，还是强调项目整体或团队的集体成果？这一问题不仅关涉对历史的还原，也直接影响对未来科研激励机制的塑造。

中国政府科技奖励的制定和实施者是中央政府与地方政府的相关部门，分别对应中央政府科技奖励制度和地方政府科技奖励制度，主要特点如下：一是，中央政府的科技奖励制度较为笼统，既要追求效率，又要兼顾公平；而地方政府科技奖励制度需要针对具体的研究领域，则更具有针对性。二是，政府科技奖励制度融入了较多的行政干预，相关政府部门在科技活动的开展或科技奖励的实施过程中有不同程度的介入。三是，政府科技奖励制度体现了政府对与国家政治、经济发展相关的重大或前沿类科技活动的支持，确立了"精神奖励与物质奖励相结合"的原则，且更为强调"精神奖励为主，物质奖励为辅"。在该制度下，政府科技奖主要是奖励"项目"，而不是"个人"[71]。总之，政府科技奖励制度体现的是政府引导科技活动的行为准则和规范，国家科技奖励制度更要能充分反映国家的战略意志。相比较而言，国外政府科技奖以人物奖励为主，奖励的是科学家或工程师个人。获奖人数也有明确限制，一般不超过 3 人。获得政府科技奖不仅享有很高的名誉，更侧重对科研经费的奖励，以鼓励进一步的研究。受此启发，中国学者也在呼吁中国各级政府现行科技奖励能够从以"奖励项目"过渡到"奖励个人"，适当减少政府奖的数量，提高政府奖的规格和声誉度[72]。

从现有文献以及研究成果来看，中国学者对国外科技奖励的研究以概括性介绍为主，通过这些研究，让我们了解国外市场经济高度发达国家设置了哪些类别的政府科学奖。但是，可能由于对资料掌握的局限性，或是缺乏对国外科技体制或科研管理制度的深入理解，很少有研究能够围绕某一个具体的奖项展开较为深入的案例分析；或是就某一类别的奖项展开时间序列的对比分析。相比较而言，中国关于国内科技奖励的分析，从多个角度展开，既有以获奖本身为对象展开的分析，也有针对奖项的设置、评审价值取向和评判标准的评奖程序的分析，从而对中国科技奖励制度进行反思。

通过对相关文献进行梳理与研究，笔者发现缺少从行动者网络理论视角对中国国家科技奖励制度的系统研究。现有的研究很少从 STS 提倡的建构主义路径分析中国科技奖励制度是如何形成的。而我们有必要打开科技奖励制度评审过程的"黑箱"，进而分析科技奖励评审过程所联结而成的行动者网络，并跟随成果完成人、项目依托单位、资助方、管理者、评审委员会等不同行动者，看他们之间如何磋商、博弈、冲突和达成共识，并在这个过程中强化国家科技奖的权威。

1.3 基于行动者网络理论的研究方法

1.3.1 研究视角

尽管科技奖励问题受到社会的广泛关注，但国内学术界对中国科技奖励制度的学理性研究仍然比较薄弱。2000 年之前，学者们往往以评价国外学者（如默顿等科学社会学家）关于科技奖励和科学共同体社会分层的相关理论为主；2000 年之后对中国科技奖励体系的研究，开始较多从公开化、加强监督等视角检讨科技奖励的相关制度设计。但对中国政府主导的科技奖励体系是如何形成的内在机理的分析是不充分的，对国家科技奖励评审制度的微观分析较少。要深入探讨国家科技奖励的评审过程，需要注意到关于科技奖励的制度设计是介入奖励体系中的个人（如报奖人、评审专家）、组织（如报奖单位、推荐单位、国家科技奖励委员会、国家科技奖励工作办公室等）共同发挥的作用，要系统地考察这些不同因素如何在奖励体系运行的过程中交互作用和共同行动。

科学技术与社会（science, technology studies，STS）的"参与－观察""追随行动者"的视角给本书提供了重要的研究方法。追随行动者的研究方法是法国科学知识社会学家布鲁诺·拉图尔[①]、米歇尔·卡龙[②]和约翰·劳[③]等首先提出的，他们建立的行动者网络理论（actor network theory，ANT）对"行动者"的概念进行了新的

---

① 拉图尔（1982）的论文《给我一个实验室，我将举起全世界》(*Give me a laboratory and I will move the world*)，拉图尔（1984）的专著《法国的巴斯德化》(*The Pasteurization of France*)。

② 卡龙 (1986) 的两篇论文《转译社会学的要素：圣布鲁克湾的渔民和扇贝养殖》(*Some Elements Sociology of Translation: Domestication of the Scallops and the Fishermen of S.Brieuc Bay*) 和《行动者网络的社会学——电动车案例》(*The Sociology of an Actor-Network:the Case of the ElecVehicle*)。

③ 劳（1986）的论文《长途控制方法：从葡萄牙到印度的海上交通》(*On the Methods of Long Distance Control: Vess Navigation and the Portuguese Route to India*)。

阐释，而且分析了行动者之间是如何交互作用的，对重新认识科学是如何在社会中运行的，科学与社会的关系如何在交互作用过程中被不断塑造有重要启发意义。该分析视角和相关理论后经科学社会学领域其他学者的不断发展，被广泛运用到其他许多的社会学、科技管理和科技政策的研究领域。

行动者网络理论重新界定了行动者的概念，进而扩展了科学社会学的研究对象。行动者不仅包括通常意义上的人类行动者，也包括对特定社会过程有重要作用的非人行动者，如制度、技术或装置等。把物的因素纳入考虑之中，不仅考虑观念之间的对称性，而且考虑自然物与社会性观念之间的对称性，从而达成了一种更具普遍性的对称原则。也只有这样才能贴近科学的本来面目，看到自然与社会在科学中的共同作用。这种对称性原则要求取消对自然与社会、主体与客体的传统二元划分，从实际过程的角度考虑，凡是具有行动者效用的对象都纳入研究的视野。在科学实践中，所有行动者共同产生作用，发生联系形成网络。沿着各种联系，每一个行动者通过相连的其他行动者而获得意义 [73]。

在行动者网络理论中，社会是各类异质要素的联结，这些异质要素包括人类行动者和非人行动者；行动者之间的联系及采用路径被称为"网络" [74]。拉图尔用"行动者网络"的概念将人类和非人行动者以同等的身份纳入其中，认为行动者网络的建立依赖于这些异质性要素的组合、联结和扩张 [75-77]。行动者网络理论的鲜明之处在于，它打破了自然与社会的二分法，提出了一个更注重经验的社会学研究进路，为科学知识社会学提供了更广阔的空间和更为多样化的可能性 [78]。

在行动者网络理论中，行动者不是嵌入社会背景的单纯信息提供者，他们具有能动性 [79]。也就是说，行动者之间充满了各种各样的网络联结。因此，行动者网络理论也被拉图尔称为"联结的社会学"（sociology of associations）。在"联结的社会学"中，社会是许多异质性事物之间的联结行动，不仅仅是由人与人之间的联系组成，也不仅仅是由物与物间的联系组成，而是物与人之间的异质性联系。

在行动者网络理论看来，科学如同古罗马双面神雅努斯（Janus），拥有两张面孔：一面是"形成中的科学"（science in the making），展现的是科学在实践中的不确定性、争议性和动态发展；另一面是"既成的科学"或"已经形成的科学"（readymade science / all made science），则呈现出一个被包装好的、看似确定无疑的知识体系。前者关注的是科学知识的生产过程，揭示了科学家如何在实验室中探索、争论、协商和建构；后者则是我们在教科书、论文和新闻中常见的科学形象，被视为稳定、客观、可靠的"真理"。"已经形成的科学"是对科学的黑箱式的描述，

"形成中的科学"则是科学的真实显现。科学技术可以描述为所有参与事实建构的行动者建立和扩展"网络"的过程。网络组建不是一个行动者,而是所有的行动者不可预期地作用于这个过程的结果[80]。在拉图尔看来,行动者网络是采用动态视角去追踪行动者所留下痕迹的方法,是帮助开展描述联结的工具,它强调工作、互动、流动、变化的过程。

因此,行动者网络理论关注的重点是通过追随行动者发现行动者网络的构建过程,以及该过程带来了什么。在 1987 年出版的《科学在行动:怎样在社会中跟随科学家和工程师》(*Science in Action: How to Follow Scientists and Engineers Through Society*)一书中,拉图尔强调,我们不要听信科学家们说了什么,而要在社会中跟随科学家和工程师,观察他们实际上是怎样行动的。这样,我们探寻的是科学家实际的工作,而不单纯是科学家对其工作的表达或修辞,我们观察的是"形成中的科学",而不是"已经形成的科学"或"既成的科学"。由此,行动者网络理论坚持"联结的社会学",鼓励研究者跟随行动者及其联结,了解科学如何在社会中运行。

把行动者网络理论作为分析国家科技奖励评审过程的视角,是因为这种分析视角可以同时对科技奖励过程中包括人类行动者和非人行动者在内的多种作用因素进行考察,而且科技奖励本质上也是"行动中的科学"的重要环节。通过"行动中的科学"来理解科技奖励,可以对科技奖励有更深刻的认识,发掘其存在的各种矛盾冲突的根源。

1.3.2 研究方法

本书综合运用文献调研、比较分析、参与式观察等研究方法,从宏观和微观两个方面进行研究。

(1)文献研究方法

通过查阅国家科技奖励相关法律、条例、规章制度、管理办法,以及相关学者的论著,采用文献研究方法,了解国内外科技奖励相关研究成果,分析新中国成立以来政府主导的科技奖励制度运行状况、演变轨迹,以及相应评审制度的发展变化。

(2)比较分析方法

通过比较分析的方法,系统考察国外科技奖励制度的相关实践,重点选取部分西方发达国家(如美国、英国、法国、德国等)的政府科技奖励制度及其评审机制进行横向对比。在此基础上,梳理各国在奖励标准、评审程序、奖励对象认定等方面的异同,结合我国现行制度进行对照分析,进而提出具有针对性的评价与启示。

这一方法有助于从国际视角反思我国科技奖励制度的优势与不足，推动其更加科学、合理、透明的发展。

（3）调研和参与式观察方法

笔者在 T 大学科研院成果与知识产权管理办公室负责学校科技奖励管理相关工作。在工作中，可深入 T 大学申报科技奖励的多个项目组，观察项目组成员科技奖励申报的全过程，并协助学校科研人员推进申报国家科技奖励的各项工作。同时，在日常工作中与科技部、教育部、北京市等科技奖励部门保持紧密联系，对上述奖励部门负责科技奖励管理的一线工作人员、主管领导进行了深度访谈。

本书研究将 T 大学获国家科技奖励项目带头人及研究团队作为案例研究的对象，是基于以下几方面因素的综合考虑：其一，近 10 年，T 大学获国家科技奖励数量始终位于高校前列，以第一单位累计获得国家科技奖励的数量居中国各研究单位首位，T 大学科技奖励管理模式和方法对研究中国国家科技奖励制度具有重要的意义；其二，T 大学获得国家科技奖励种类、等级齐全，尤其是在高等级获奖项目方面积聚了丰富的案例，为本书提供了许多好的素材；其三，案例分析是实证研究的重要方法。通过对 T 大学参与推荐申报国家科技奖的案例分析，能够让理论的讨论更为形象和具体。

（4）理论研究方法

本研究采用理论研究方法，借助科学技术与社会（STS）领域的行动者网络理论（actor-network theory，ANT）对国家科技奖励制度进行系统分析。STS 的研究视角为理解国家科技奖励制度提供了新的切入点，从微观实践与多方博弈的层面，重新审视科技奖励评审的运行机制。在国家科技奖励的评审过程中，涉及多个利益相关方，包括申报人、推荐单位、评审专家、政策制定机构、媒体等。这些行动者之间存在着复杂的互动关系，如辩论、协商、竞争与妥协。本研究将通过"参与—观察"（participant observation）的方法，尝试打开国家科技奖评审的"黑箱"，运用行动者网络理论梳理奖励的推荐、公示、评审与授奖等关键环节中，不同行动者如何形成网络、如何建构共识，以及这些过程如何影响最终的奖励决定。特别关注的是报奖人如何通过动员资源、扩大自身网络、争取更多行动者的支持，进而提升其申报项目的影响力，并最终推动奖励的达成。这一过程的剖析不仅有助于揭示我国科技奖励制度运行中的实际逻辑，也为政策制定者提供反思与改革的理论依据。与此同时，关于中国国家科技奖励制度的实证分析，也将为行动者网络理论的本土化运用与理论发展提供新的案例和启示。

1.3.3 概念界定

本书涉及的相关概念界定如下：

（1）科技奖励与科技奖励制度

科技奖励的概念有广义与狭义之分。广义的"科技奖励"泛指一切对在科技领域内做出贡献的人员予以奖励的活动。狭义的"科技奖励"专指由政府或民间社会力量设立的专门的、制度化的科技奖。这种制度化的科技奖励具有相对固定的奖励章程和明确的奖励范围，由专门设定的组织按照规定的程序进行运作管理。因此，狭义"科技奖励"是广义"科技奖励"的一种特殊形式。本书所研究的"科技奖励"是指狭义的"科技奖励"。

科技奖励制度是指国家、组织、个人对在科研活动中有突出贡献或起决定作用的个人、组织进行奖励或支持的制度总称，既包括具体出台的政策，也包括奖励类型、评审机制和评价标准等具体的内容层面。鉴于科技奖励对推动科技事业的重要性，科技奖励制度也成为国家科技政策研究的重要对象。

（2）政府科技奖励与民间科技奖励

按照设奖主体不同，科技奖励可以分为政府科技奖励和非政府科技奖励（即民间科技奖励或社会力量奖励）。

根据《国家科技奖励条例》，中国政府科技奖励按照授奖政府的层级分为国家科技奖励、省部级科技奖励、市级科技奖励三个等级。具体定义见表1.1。其中，国家科技奖励包括五大奖种，国家自然科学奖、国家技术发明奖、国家科技进步奖的授奖数量占国家科技奖励的比重最高，通常简称为国家科技三大奖。目前，政府奖励授奖数量最大的是省部级科技奖励。省级科技奖励是指省、自治区、直辖市人民政府设立的科学技术奖。部级科技奖励是国务院有关部门设立的科学技术奖。市级科技奖励是指各市级政府设立的，旨在奖励市行政区域内从事科学技术研究开发以及科学技术成果应用推广，为市科学技术进步做出突出贡献的个人和组织。

表 1.1　政府奖励类型

政府奖励	奖励定义或奖励范围
国家科技奖励	《国家科技奖励条例》规定的五大奖种：国家最高科学技术奖、国家自然科学奖、国家技术发明奖、国家科学技术进步奖和中华人民共和国国际科学技术合作奖

政府奖励	奖励定义或奖励范围
省级科技奖励	《国家科技奖励条例》规定的省、自治区、直辖市人民政府设立的科学技术奖，奖励在科学研究、技术创新与开发、推广应用先进科学技术成果以及实现高新技术产业化等方面取得重大科学技术成果或者做出突出贡献的个人和组织
部级科技奖励	《国家科技奖励条例》规定的国务院有关部门根据国防、国家安全的特殊情况，设立的科学技术奖
市级科技奖励	指各市级政府设立的，旨在奖励市行政区域内从事科学技术研究开发以及科学技术成果应用推广，为市科学技术进步做出突出贡献的个人和组织

中国民间科技奖励也称为非政府科技奖，主要是由个人、社会组织或非政府机构面向社会设立的科学技术奖。根据国家科技奖励工作办公室官方网站显示，目前按照《社会力量设立科学技术奖管理办法》审定并备案的社会力量设奖已经超过200项，具体可以分为基金类、学会类、协会类、企业类、个人类等。

基金类的典型奖励有：何梁何利基金信托委员会设立的"何梁何利基金科学与技术奖"，陈嘉庚科学奖基金会设立的"陈嘉庚科学奖"，北京茅以升科技教育基金会设立的"茅以升科学技术奖"，吴阶平医学基金会设立的"吴阶平医学奖"等。

学会类的典型奖励有：中国电子学会设立的"中国电子学会科学技术奖"，中国电机工程学会设立的"中国电力科学技术奖"，中华医学会设立的"中华医学科技奖"，中国土木工程学会设立的"詹天佑土木工程科学技术奖"，中国化学会设立的"中国化学会青年化学奖"，中国数学会设立的"钟家庆数学奖"，中国通信学会设立的"中国通信学会科学技术奖"等。

协会类的典型奖励有：中国机械工业联合会设立的"中国机械工业科学技术奖"，中国钢结构协会设立的"中国钢结构协会科学技术奖"，中国石油和化工自动化应用协会设立的"石油和化工自动化行业科学技术奖"，中国发明协会设立的"发明创业奖"等。

企业类的典型奖励有：中国建筑工程总公司设立的"中建总公司科学技术奖"，联合基因科技有限公司设立的"谈家桢生命科学奖"，西安杨森制药有限公司设立的"吴阶平－保罗·杨森医学药学奖"等。

（3）科技奖励评审制度和评审机制

科技奖励评审制度是指包括科技奖励评审的目标、范围、主体、客体、原则、方法、指标体系、评审过程等规范或准则的总称[81]。科技奖励评审机制是指在现行科技奖励体制和制度下形成的，协调科技奖励评审各方的关系以更好地发挥评审作用的具体运行方式。

1.4　内容安排

作为科学社会化的必然产物，科技奖励是科学社会建制的重要制度，也是特定社会诸多因素建构的结果，政府主导的科技奖励体系尤其如此。本书以中国国家科技奖励为主要研究对象，系统考察中国作为社会主义市场经济体制国家和科学后发追赶国家，其国家科技奖励及其评审制度形成和演变的历史过程，基于行动者网络理论解析中国国家科技奖励评审的行动者网络，采用参与式观察方法对国家科技奖励评审行动者网络的构建过程进行分析，研究各种人类行动者和非人行动者联结过程，打开国家科技奖励评审的"黑箱"，发现国家科技奖励评审过程中出现的负面现象，从奖励制度层面探究问题产生的根源，提出改进我国国家科技奖励制度的对策建议，促进其完善发展。

本书内容主要包括以下 6 个方面：

（1）中国国家科技奖励的发展历史研究。通过将新中国成立以来制定和发布的与科技奖励相关的政策进行系统梳理，探究国家科技奖励体系形成和构建的过程，并在此基础上探究中国国家科技奖励制度的重要特点。

（2）中国国家科技奖评审过程及其行动者研究。采用行动者网络理论分析视角对国家科技奖评审过程进行深入剖析，找出国家科技奖评审行动者网络的各类行动者，并追随这些行动者，探究其网络的建构。

（3）国家科技奖评审行动者网络的建构过程研究。基于行动者网络理论，结合多个报奖项目被推荐申报国家科技奖的真实案例，阐述国家科技奖评审行动者网络的建构过程，通过研究行动者网络中的"强制通行点"、招募同盟者、动员代言人及纠错机制，解析报奖人、报奖单位、推荐单位、奖励组织管理单位、评审专家之间的相互关系。

（4）对中国国家科技奖励进行反思，分析国家科技奖励权威的自我强化现象及其引起的功能异化现象，探讨中国国家科技奖励产生诸多问题的制度设计根源。

（5）在系统对比分析美国、英国、法国、德国等世界科技强国的国家科技奖励制度的演化和发展趋势的基础上，借鉴国外科技奖励的成功经验，从中获得对中国国家科技奖励制度改革的启发。

（6）围绕世界科技强国和实现高水平科技自立自强的战略目标，深入研判国内外发展形势，正确认识中国在全球科技竞争版图中的位置，聚焦服务国家发展战略需要，进一步强化科技奖励服务高水平科技自立自强的功能。

第 2 章

国家科技奖励制度的历史演变

国家科技奖励制度是我国长期坚持的一项重要制度,并随着经济社会发展形势变化不断改革和发展,对于激励自主创新、促进科技支撑引领经济社会发展、加快建设创新型国家和世界科技强国具有重要意义。科技奖励制度的形成和发展始终是一个不断演化的过程,这个过程深受社会制度、经济与科技发展阶段等诸多因素的影响。

新中国成立后,根据《中华人民共和国宪法》"国家对于从事科学、教育、文学、艺术和其他文化事业的公民的创造性工作,给以鼓励和帮助"的规定,相继颁布了对科学发现和发明创造的奖励条例。改革开放以后,为了提高科研人员从事科学研究、发明创新的积极性,党和国家迅速恢复了科技奖励工作,并根据形势发展的需要,陆续修订颁布了自然奖、发明奖、进步奖条例,搭建起覆盖科学研究、技术开发全过程的国家科技奖励基本框架,并不断调整完善相关政策[82]。1993 年,全国人民代表大会通过了《中华人民共和国科学技术进步法》,其中第八章"科学技术奖励"专章规定了国家科学技术奖励制度。1999 年,国家科技奖励制度进行了重大改革,颁布实施《国家科学技术奖励条例》,标志着我国科技奖励工作进入了一个新的阶段。增设了"国家最高科学技术奖",至此五大奖的格局形成,在推动技术创新、发展高科技、实现产业化方面更好地发挥了科技奖励的杠杆作用。1999—2022 年的 23 年间,《国家科学技术奖励条例》分别于 2004 年、2013 年、2020 年进行了三次修订,科技奖励制度渐趋完善。

回顾国家科技奖励制度的发展历程,大致可以分为四个阶段:①起步与探索(1949—1976 年)。新中国成立后,为了尽快推进科学研究,促进农业国转变为工业国、巩固社会主义新生政权、确立自力更生为主的科学发展方针、实现中国现代化建设,国家对科技奖励工作进行了积极的探索。②恢复与重建(1977—1998 年)。改革开放以来,随着科技体制改革的推进、经济建设主战场的确立以及教育优先发展的战略地位的加强，科技实力逐渐成为决定国家综合国力强弱的关键因素。我国现代化建设也因此进入了一个关键阶段，提升自主创新能力、建设创新型国家以及实施科教兴国和人才强国战略成为时代的需求。国家科技奖励制度在这一时期得到了全面恢复、修订和深化，逐步建立起具有中国特色的科技奖励体系和格局。③拓展与完善（1999—2012 年）。我国进入深入实施创新驱动发展战略、建设创新型国家和深化科技体制改革的历史阶段，通过重大改革形成了比较完善的国家科技奖励新格局。④改革与发展（2013—2022 年）。提高质量、减少数量、优化结构、规范程序成为国家科技奖励制度改革的新思路。

科技奖励制度的形成和发展始终是一个不断发展和演化的过程，这个过程深受社会制度、经济与科技发展阶段等诸多因素的影响。系统分析科技奖励制度演变的历史，是深入理解中国政府主导的科技奖励体系形成的内在根源的重要前提。目前，我国科技奖项设置已经形成国家科技奖、省部级科技奖、社会力量设奖（科技人才奖、国际奖项）多元并举、共同发展的新格局，也逐渐形成不同类型科技奖励的社会等级和声望层次。

2.1　1949—1976 年：国家科技奖励的起步与探索

1949 年新中国成立后，百废待兴，通过科学技术的发展促进国民经济的恢复成为有识之士的共识。为了充分利用科技奖励制度促进我国科学事业的发展，新中国制定了一系列与科技奖励相关的政策。1949 年 9 月 29 日，在中国人民政治协商会议第一届全体会议上通过的《中国人民政治协商会议共同纲领》，其第 43 条明确规定了国家要"努力发展自然科学，以服务于工业、农业和国防建设，奖励科学的发现和发明，普及科学知识"[83-84]。我国的国家科技奖励工作自此开始起步。

（1）国家自然科学奖的创设

为了激励广大科技工作者的积极性与创造性，促进中国科学事业的发展，以服务于国家建设。1954 年 6 月 12 日，中国科学院率先成立了中国科学院科学奖励条例起草委员会，由副院长竺可桢担任主席，负责起草《中国科学院科学奖金暂行条例》。起草委员会经过一年时间的努力，完成了条例的草案，报送国务院审批。1955 年 8 月 5 日，国务院第十七次全体会议听取了竺可桢关于科学奖励条例的说明，并批准了这个暂行条例。8 月 31 日，国务院颁布由周恩来总理签发的国务院令，正式发布《中国科学院科学奖金暂行条例》。条例规定：凡中华人民共和国公民的研究工作或科学著作，在学术上有重大成就或对国民经济、文化发展具有重大意义的，无论属于个人或集体的，均可按照条例的规定授予中国科学院科学奖金。中国科学院科学奖金分为三等：一等奖奖金一万元，并授予荣誉证书及金质奖章；二等奖奖金五千元，并授予荣誉证书及银质金边奖章；三等奖奖金两千元，并授予荣誉证书及银质奖章[85]。这是新中国成立以来第一个对自然科学和社会科学研究成果进行奖励的条例，也是当前《国家科学技术奖励条例》的雏形。

1955 年 9 月 22 日，经国务院第 41 次常务会议批准，中国科学院举行院务常务会议，通过了《中国科学院奖金委员会暂行组织规程》及中国科学院奖金委员会组成人员。委员会由郭沫若任主任委员；副主任委员是李四光、梁希、黄松龄 3 位科学家，加上其他 35 位著名科学家，共同组成了中国科学院奖金委员会。具体评审过程中，中国科学院 6 个学部负责接受和审查所推荐过来的科学研究工作报告或科学著作，就其学术上或国民经济上的意义，以及其工作本身的创造性进行评选，分出等级，做出结论并提交给委员会，评选时可邀请有关专家组成专门小组审查。中国科学院奖金委员会的任务就是对推荐过来的科学论著进行评选和统一审核，然后由学部委员会以无记名投票方式决定，再提请中国科学院院务委员会讨论通过后授奖。当时，哲学社会科学还是中国科学院的一个学部，吴玉章、陈伯达、胡乔木等哲学社会科学学部的学部委员也赫然在评奖委员会名单中。但是，由于哲学社会科学的奖励标准难以统一，是否应该奖励的意见也存在较大分歧，因此哲学社会科学学部意见是"不奖为妥"。此外，确立评奖方式为"推荐制"，全国的科研院所、高等学校均可直接向中国科学院推荐候选项目。推荐书内应对被推荐科学研究工作报告或科学著作从学术上或国民经济上的意义做出说明，并加以评价。对于后者，还需要有关业务部门的领导人签署的证明文件。

1955 年 10 月—1956 年 5 月，中国科学院组织了新中国成立后第一次全国性的科学奖的评审与奖励，从 1955 年 10 月 1 日至 12 月 31 日为科研成果推荐日期，到 1956 年 3 月 1 日前，中国科学院 6 个学部先后收到了各方面推荐的自然科学研究论著 419 件。鉴于评奖方式采用的是单位推荐制，在中国科学院科学奖金的评奖过程中，中国科学院副院长吴有训发现，当时刚刚从美国回国的著名科学家钱学森的《工程控制论》是享誉世界的科学著作，却没有在推荐名单中，在询问主管科学奖金评审工作的副院长竺可桢后得知，当时的评奖原则是"国内创造成果"，而钱学森的《工程控制论》的主要成果在国外发表，不属于参评的范围。为此，吴有训向中国科学院党组提出，在科学奖的评选中，一定要包括回国服务的科学家在国外创造和发明的成果，这样有利于吸引尚在国外的科学家回国。吴有训的建议得到了中国科学院党组和科学奖金委员会的重视。为了推动和做好推荐工作，使有重要价值、应当推荐的科学论著不被遗漏，科学奖金委员会修订了《中国科学院科学奖金暂行条例》，使受推荐的面大大增加。1956年1月，《中国科学院科学奖金暂行条例》补充了几条新的规定，其中就包括"新中国成立以来在国外发表的科学著作，可以推荐"，鉴于当时国家间意识形态的问题，进一步规定"若是在资本主义国家进行研究的，则以本人已经回国为限" [86]。1956年首次评奖，经过奖金委员会、各学部委员以及有关的数百位专家认真地评审，并经过中国科学院院务常务会议批准，最后评出一等奖3项，二等奖5项，三等奖26项。1956年5月4日正式公布得奖名单，整个评审过程持续了7个月左右的时间。钱学森的《工程控制论》与华罗庚的《典型域上的多元复变函数论》、吴文俊的《示性类及示嵌类的研究》获得了首届中国科学院科学奖金的一等奖。中国科学院科学奖金的评选每两年组织一次 [87]，事实上仅仅颁布了一届，共有34项自然科学成果获奖。

中国科学院科学奖金设立后不久，1955年10月11日的《人民日报》就发表社论指出"为了充分贯彻科学奖励政策，仅仅设立中国科学院科学奖金显然是很不够的。中国科学院各研究机构、各产业部门的研究机构、高等学校等单位在条件成熟时，也应分别建立各种各类的科学奖励制度或办法，使我国科技奖励制度逐步完备起来，使更多的优秀科技工作者由于他对祖国的贡献而得到适当的奖励"。为了"全面深入调动科技人员与广大职工群众的积极性和创造性"，有必要扩大奖励的范围，"对国家有重要贡献的科技人员，要给予各种不同奖励"。

（2）国家发明奖的创设

事实上，国家科技奖励制度中最早创设的奖种是国家发明奖。1950年8月，中央人民政府政务院第45次会议批准发布了《政务院关于奖励生产的发明、技术改进及合理化建议的决定》[88] 和《保障发明权与专利暂行条例》，体现了"奖励科学的发现和发明"的宗旨，指明了我国科技奖励应贯彻和实施的方针政策。1954年5月，中央人民政府政务院（现为国务院）第215次会议通过了《有关生产的发明、技术改进及合理化建议的奖励暂行条例》[89]，面向基层单位（主要是企业）设奖，建立了"政府设奖、企业出资"的奖励方式。这一条例的出台，标志着国家科技奖励活动开始迈向制度化建设之路。1954年10月，政务院财政经济委员会发布了《保障发明权与专利暂行条例实施细则》及《发明审查委员会规程》。发明审查委员会由中央技术管理局负责筹组。11月，由101名专家组成发明审查委员会，中央技管理局局长担任首任主任委员，委员会下设 10 个专业小组。

随着科技奖励工作的深入开展，为了更好地区分具有独创性的、数量较少的发明和生产实践中大量产生的技术改进与合理化建议这两类性质不同的科技成果，1963 年 11 月，国务院发布《中华人民共和国发明奖励条例》和《技术改进奖励条例》，由国家科学技术委员会（简称国家科委）统一管理全国的发明奖励工作，负责条例的贯彻执行。20 世纪 50 年代执行的两个暂行条例《保障发明权与专利暂行条例》和《有关生产发明、技术改造及合理化建议的奖励暂行条例》被废止。

新《发明奖励条例》明确指出"全国各个有关单位都应对群众的发明给予热情的鼓励和支持"，删除了旧条例中"对私营企业或个人的发明给予专利权的保护……"条款，增加了"发明属于国家所有，任何人或单位不得垄断……"条款。在奖励条例的修订上，突出的是发明创造的"集体"属性，弱化科技人员个人的创造性贡献，目的是更好地将发明成果推广应用。然而，这与科技奖励是通过承认科技人员科学发现或发明的优先权赋予他们崇高的荣誉和社会地位的宗旨有一定的出入。由此可见，在 20 世纪 60 年代的计划经济体制下，科技奖励所追求的目标与中国实际存在着一定的冲突，科技奖励制度在矛盾中进行着探索。

新《发明奖励条例》还进一步明确"发明"必须同时具备的三个条件：第一，前人没有或者国外虽有但尚未公布的；第二，通过实践证明是可以应用的；第三，比现在更先进的。这是中国首次细化关于"发明"认定的评价标准，这一规定为评审委员在评审过程中提供了具体的参照条例。此外，还提出中国科技奖励评审程序的公开、公示流程，使科技奖励制度在实体条例和评审流程上都有较大改进。但是，当时条例尚未就评价指标体系、监督标准、异议处理等评审细则做出具体规定，也为中国科技奖励制度的日后改进留下较大空间。至此，以上颁布的与科技相关的奖励条例或暂行条例，初步建立起针对生产发明、科学发现和技术改进的奖励制度，为国家科技三大奖的提出奠定了基础。

1964 年 5 月，国家科委进一步成立全国发明评奖委员会，第一届评选委员会的主任委员由中国科学院副秘书长武衡担任，副主任委员由中国科学院院士、机械工程专家沈鸿，中国现代物理学研究工作的创始人严济慈等 12 位科学家担任。可以说，初步形成了"科学家自治"的科技奖励评审格局。1963—1966 年，国家发明奖共批准 296 项。毛泽东主席亲笔为获奖证书题写了"发明证书"字样。

客观地说，从 1950 年到 1965 年，国家对科技奖励工作进行了积极的探索，出台的相关奖励措施对促进科技事业的发展起到了重要的作用。鉴于科技奖励制度刚刚起步，这一时期多侧重奖励性质，主要是确定了评审机构、评审的基本标准和基本条件，体系尚不完整。相关条款多以"原则性"规定表达，缺乏具体的评奖实施细则，也没有制定奖励评审的具体程序。同时，受到多种因素干扰比较明显，在国家经济社会发展中的作用也没有得到充分发挥。遗憾的是，在中国科技奖励制度的建设刚刚起步不久，还远没有达到规范化、专业化、制度化的程度之前，1966年5月"文化大革命"拉开了帷幕，使我国刚刚建立的国家科技奖励制度遭到了重创，各种关于科技奖励的条例、办法、规定等文件被批判为"修正主义""奖金挂帅"而被废除[90]。同时，国家对科技体制进行较大的调整，包括组织机构的变化。按照周恩来总理的多次指示，将1956年成立的直属于国务院的管理国家科技事务的科学规划委员会和国家技术委员会，于1970年与中国科学院合并，明确"两科"合并后的任务和体制改革问题，科技奖励工作暂停。

总体上看，20世纪50—70年代中期，受到国内外局势变化等诸多因素的影响，中国科技体制不断调整，科研队伍建设停滞不前，科技建制不健全，科技奖励单一并缺乏统筹。随着社会主义建设的需要，虽然政府层面非常重视科学技术的发展，也试图通过建立不同形式的奖励制度来激励科技工作者，但这种探索和追求面临两个方面的冲突，造成了科技奖励制度内在的张力，极易受到其他社会因素变化的冲击，因此具有不完备和不稳定的特点。这两个方面的冲突具体而言就是：①倡导集体主义价值导向与强化对科技人员个人奖励之间存在的冲突；②奖励科技工作者与要求改造知识分子阶级属性[91]之间的冲突。事实证明，如果这两个问题没有得到很好的解决，要建立一种相对稳定的政府科技奖励体系也是有一定难度的。但是，这一阶段的科技奖励工作是新中国奖励实践的创造性尝试，为此后我国科技奖励事业的发展积累了经验。

2.2 1977—1998年：国家科技奖励的恢复与重建

1976年"文化大革命"结束。1977年8月4—8日，邓小平主持召开了科学和教育工作座谈会，按照邓小平的指示，要找一些敢说话、有见解，在自然科学方面有才华的人员参加。吴文俊、童第周、严东生、王大珩、周培源、苏步青、吴健中、查全性、潘际銮等33位研究员、教授代表参加座谈。探讨的主题围绕着"如何把中国科研搞上去"展开。在聆听了几天科学家的发言后，8月8日，邓小平作了《关于科学和教育工作的几点意见》的讲话，提出对在科学技术上很有成就，为中国做出了贡献的人，应当鼓励，重在奖励。本次会议的科学家的许多建议得到国家重视，包括 1977 年 9 月国家恢复设置国家科学技术委员会的独立建制，并重新启动科技奖励工作。

1978 年 3 月 18 日，中共中央召开全国科学技术大会，时任中共中央副主席、国务院副总理邓小平同志在这次科技大会的开幕式上作了重要讲话，提出了"四个现代化"的战略目标，关键是实现"科学技术的现代化"，也在这次会议上提出了"科学技术是生产力"的重要论断，指出这是马克思主义历来的观点。现代科学为生产技术的进步开辟道路，决定它的发展方向。因此，把科技发展摆在了重要的位置，迎来了中国科技事业步入快速发展的春天 [92]。在这次大会上，方毅副总理作了关于科学技术的规划和措施的报告。会上举行了隆重的颁奖仪式，表彰先进集体和先进工作者，对在全国范围内遴选出来的 7657 项科技成果进行了隆重的颁奖（未划分等级），邓小平等党和国家领导人参加颁奖仪式。国家科学技术奖励工作全面恢复与展开。

（1）国家发明奖

1978 年 12 月，国务院发布了《中华人民共和国发明奖条例》，停滞了十年之久的国家科技奖励工作开始恢复与重建。1978 年 12 月，国务院发布了重新修订的《中华人民共和国发明奖励条例》，暂停多年的"国家发明奖"评选得以恢复。新条例将"国家发明奖"评奖等级由原来的五个缩减到四个，以突出奖项的稀缺性。特别重大的发明可以列为特等奖。1980 年 3 月，国家发明评选委员会召开会议，建议国务院下属的各个部、委、局分别成立发明评选委员会，负责本行业发明项目的初审工作。也就是说国家发明奖的专业组评审是依靠各部、委、局分管的行业分散进行初审。同年 10 月，国家发明评选委员会依照大学科门类，设立了六个评审小组：①电子、仪器仪表；②化工、冶金；③建筑、采矿、地质；④机械、电机；⑤农林；⑥医药卫生。申请国家发明奖的项目原则上要求出具科技成果鉴定证书，提高了申报发明奖的要求，同时也规范了对发明奖的审核标准。

1982 年 1 月，国家发明评选委员会召开会议，经讨论决定："经过批准授奖的项目，公告三个月内无人提异议才能授奖。"这一规定，一方面让国家发明奖接受全社会的检查，确保即将授奖项目的原创性不受质疑，这也与中国当时正在研究和即将出台的《中华人民共和国专利法》中对"发明专利"的认定规定保持一致性；另一方面，通过对授奖程序的严格规范，能够提升项目评审的专业水平和授奖项目在社会上的公信力。

此后，国家发明奖的评审方式和评审程序也在不断做出调整，以完善国家发明奖的评审制度。1984年，国家发明评选委员会进一步提出从四个方面对评奖制度进行改革：第一，搞好奖金分配，体现重奖精神。第二，严格掌握"只有对发明权项目做出创造性贡献的人才是发明人"的原则，并按贡献大小排列名次，且项目的第一发明人必须出席答辩。第三，适当变通申报程序，允许属于就个人的非职务发明直接向相关部门提出申报国家发明奖。第四，调整发明评选机构的专家构成，评选委员会及各评选小组要适当增加较年轻的专家。1986年7月，国家发明评审委员会又规定，凡申报国家发明奖项目，预审合格后，须先公示三个月，然后再由有关归口专业组进行评审，以增加发明奖评审工作的透明度。

（2）国家自然科学奖

1979年6月15日—7月2日，中国人民政治协商会议第五届全国委员会第二次会议召开，邓小平在开幕式致辞中明确指出"中国广大的知识分子，包括从旧社会过来的老知识分子的绝大多数，已经成为工人阶级的一部分，正在努力自觉地为社会主义事业服务"。会议通过的政治决议表明人民政协在新的历史时期的任务是实现中国的"四个现代化"，人民政协的行动纲领是"要调动一切积极因素，团结一切可以团结的力量"。党的十五大报告进一步指出："知识分子是工人阶级的一部分，在现代化建设中起着重要作用。"这一论断的提出，是对社会主义时期知识分子阶级属性的重新表述，在阶级地位上把原来知识分子作为党的统战对象，纳入党内统战工作统一战线内部来，肯定其在推动中国社会主义现代化建设中的重要作用。关于知识分子阶级地位的重新认定，消除了奖励科技工作者与要求改造知识分子阶级属性之间的冲突和矛盾。在解决知识分子阶级属性的问题过程中，邓小平提出了发展科技和教育的一系列重要政策和思想，他强调，为了发展中国科学技术，实现现代化，必须"尽快地培养一批具有世界一流水平的科学技术专家"。这也为建立相对稳定的科技奖励体系提供了重要的思想基础。

1979年11月21日，国务院在原来的《中国科学院科学奖金条例》基础上进行修订，颁布了《中华人民共和国自然科学奖励条例》，共十一条，明确奖励范围只是自然科学，不包括社会科学，由原来的一等奖、二等奖、三等奖3个等级增加到一等奖、二等奖、三等奖、四等奖4个等级。科学研究成果中有特别重大意义的，可给予特等奖，由国家科学技术委员会报国务院批准。根据奖励等级颁发对应的荣誉证书、奖章和奖金，奖金额度从一等奖到四等奖依次是一万元、五千元、二千元和一千元，特等奖奖金另外规定。自然科学奖的授予对象可以是集体，也可以是个人。条例的第七条还明确了由国家科学技术委员会（简称国家科委）统一领导自然科学奖励工作，即国家科委设立自然科学奖励委员会，负责评定奖励项目和奖励等级，然后由国家科委核准、授奖。这意味着第一次真正意义上"国家级别"的自然科学奖的正式设立。1980 年 5 月，国家科委成立自然科学奖励委员会，并制定了《自然科学奖励委员会暂行章程》。1987 年，国家科委委托国家自然科学基金委员会负责国家自然科学奖评审方面的具体工作。1988 年 9 月，国家科委发布了《关于国家自然科学奖申报、评审的若干说明》，内容涵盖了奖励范围及应具备的条件、奖励标准、主要研究者须具备的条件、申报程序、初审、复审、奖励委员会、异议处理、国家科学技术委员会核准及授奖 [93]。严禁拼凑报奖、多头报奖和重复报奖。

国家自然科学奖由项目完成单位直接推荐申报，没有名额限制。可以按行政隶属关系申报，也可按成果归属关系上报。具体有包括国务院各部委、中国科学院、中国科协、国防科工委、解放军各总部、各军兵种以及各省、自治区或直辖市在内的 7 个申报渠道。根据规定，申报国家自然科学奖适用"推荐制"，有两种方式推荐：一是单位推荐，由被推荐人所在的研究机构、高等学校或全国性的学术团体推荐申报；二是十人以上科技工作者联名推荐，由具有副研究员职称或相等水平以上的科技工作者联名推荐。上级申报部门对推荐过来的请奖项目进行申报资格初审。初审的环节非常重要，既包括形式审查，主要就项目类型、申请资格进行审查；也会审核项目研究内容和学术水平。资格初审采用会议评审和通信评审相结合的方式。对通过初审资格的报奖项目，上级申报部门汇总后再推荐到国家自然科学委员会进行下一步的复审。

国家自然科学基金委员会负责国家自然科学奖的复审工作，具体包括形式审查、学科复审和科学部复审三个程序，在此环节中，学科复审环节的项目主审人和学科评审组的评审意见对能否获奖和奖励等级起到至关重要的作用，为了体现"科学家治理"的特点，在评审程序上尽可能体现公平、公正，从学科复审环节的项目主审人为 3 名以上专家，书面审查，无记名投票表决，到复审环节尽可能保证评审范围限定在专业对口的小同行专家评议，个人回避情况的规定等，尽可能确保国家自然科学奖评审程序的科学性和公正性。国家自然科学奖励委员会负责评定各科学部复审推荐的一、二、三、四等奖项目。在这个环节中还设置了"回避程序"，即复审委员应主动申请回避涉及本人及直系亲属的项目评审。经奖励委员会评定后，建议授奖的项目需登报公示，公示期为两个月，在此期间任何单位或个人可以直接向奖励委员会办公室提出异议并递交异议书。

（3）国家科学技术进步奖

1984 年 9 月，根据中共中央"经济建设必须依靠科学技术，科学技术必须面向经济建设"的方针，国务院颁布了《中华人民共和国科学技术进步奖条例》，标志着国家科学技术进步奖正式启动。奖励在推动科学技术进步中做出重要贡献的集体和个人，科技进步奖分为国家级和省（部委）级两级，并将获奖等级缩减为一等奖、二等奖、三等奖这三个等级，对社会主义现代化建设有特殊贡献的科学技术进步项目，可以授予特等奖。1985 年 2 月，国家科学技术进步奖评审委员会召开第一次会议，审查批准了《国家科技进步奖评审委员会章程》《关于〈国家科技进步奖条例〉若干条款的解释》《国家级科学技术进步奖的奖励范围和评审标准实施细则（试行）》等一系列规章制度。国务院做出决定，将科技进步奖评审委员会办公室设立在国家科学技术委员会，下设 22 个行业和综合评审小组，办事机构挂靠在组长所在单位。当时，在三大国家科技奖中，申报国家科技进步奖的项目最多，评审工作量也最大，评审工作需要在各部委相关科技管理机构和管理人员协助下具体实施。

以上奖励条例的出台，使新中国成立初期建立的国家科技奖励制度得到了全面恢复，并快速发展起来。为了加强国家科技奖励的评审、管理和统筹工作，1985 年，国务院批准成立了"国家科学技术奖励工作办公室"，作为国家自然科学奖、国家技术发明奖和国家科学技术进步奖组织评奖和日常办事机构，该办公室的成立，进一步加强了政府对国家科技奖的管理和统筹工作。各省、直辖市、自治区科技行政管理部门也相应设置了科技奖励组织管理机构，自上而下地形成了全国科技奖励组织体系，形成了国家科技奖励工作办公室统一领导、统筹规划、分级管理，各地区的科技奖励办公室协同配合的工作格局。成立国家科技奖励办公室标志着国家科技奖励工作开始迈入规范化管理轨道，国家科技奖励制度得到了快速平衡的发展。

1986 年，国家级科技进步奖的评审工作暂停。从 1987 年起，国家科技进步奖评审委员会决定每年进行一次评审，每年获奖数控制在 500 项左右。从获得省（部）级一、二等奖以上的项目中筛选优秀项目去申报国家级科技奖。这种遴选推荐方式构建了政府科技奖励"层级递进"推荐申报模式，进一步强化了国家科技奖的信用和权威。从 1987 年开始，被推荐为国家科技进步奖特等奖和一等奖项目的主要完成人需要参加评审答辩，而且国家科技进步奖委员会组织专家对获奖项目进行实地考察。另外，还规定担任了组织领导工作的行政干部原则上不作为获奖项目的主要完成人。这些新的规定和举措，严格规范了项目申报者的资格，加强了对报奖人和报奖单位的监督，有利于减少虚假申报奖励、虚假排名等违背科研伦理的劣性事件发生。

在这段时期，因改革开放政策的实施，国家重心转移到经济建设上后，迫切需要通过科技发展推动经济建设，中国的科技事业也迎来了春天。在国家有关奖励政策和条例的指导下，国务院各部委、各级政府均结合各自情况制定了相应的科技奖励条例或奖励方法，奖励评审流程和细则进一步完善，使科技评价变得有章可循，评奖流程趋向程式化。1987 年，为鼓励实施"星火计划"，促进中小企业、乡镇企业和广大农村科学技术进步，振兴地方经济，国务院批准在国家科学技术进步奖中增设"星火奖"，分为一等奖、二等奖、三等奖、四等奖 4 个等级。

1991 年，第二次全国科技奖励工作会议上，宋健同志提出"科技奖励的根本目的和首要任务是为经济建设服务，这应该是奖励工作一条根本思想"，这也成为我国各类科技奖均要贯彻和体现的政策方针 [94]。1993 年 7 月 2 日，第八届全国人民代表大会常务委员会第二次会议通过了《中华人民共和国科学技术进步法》(以下简称《科技进步法》)，共六十二条，其中，第八章用五条内容规定了中国的"科学技术奖励"制度，涵盖了奖励的对象(公民或组织)、国务院设立奖种的规定和各奖种认定的标准、奖励的方式和内容，还明确指出除国家设立的科技奖外，为了促进科学技术进步，国内、国外的组织或者个人可以设立科学技术奖励基金。虽然《科技进步法》的许多条款的内容偏"原则性"的规定，对具体评奖过程中的操作层面指导性不强，但是它的出台肯定了科技奖励制度对促进中国科学技术的进步具有非常重要的意义，对科技工作者从事科研活动是很大的激励。同时，还确立了科技奖励制度的法律地位，促进中国科技奖励制度的法制化进程。根据该法规于 1994 年增设了中华人民共和国国际科学技术合作奖，授予在促进中国科技事业中做出重要贡献的外国公民和组织，标志着国家科技奖励制度开始向国际化方向发展，初步建立起具有中国特色的科技奖励制度。

(4)中华人民共和国国际科学技术合作奖

1992 年，国家科委以中华人民共和国国家科学技术委员会令(第 14 号)发布《中华人民共和国国家科委国际科技合作奖授予办法》。这是我国自 1999 年国家科技奖励制度改革后，国务院设立的五大科技奖项中唯一一项授予外国人或者外国组织的奖项。每年授奖的数额不超过 10 个，授予在双边或者多边国际科技合作中对中国科学技术事业做出重要贡献的外国科学家、工程技术人员、科技管理人员和科学技术研究、开发、管理等组织。1995 年，国际科技合作奖首次颁奖。

国际科技合作奖获得者应当具有下列三个条件：①在与中国公民或组织合作研

究、开发等方面取得了重大科技成果，且这些成果对中国科技事业、经济建设和社会发展起到了重要推动作用，产生了显著的经济效益或社会效益。②在向中国的公民或者组织传授先进科学技术、提出重要科技发展建议与对策、培养科技人才或者管理人才等多方面做出了重要贡献。③在促进中国与其他国家或者国际组织的科技交流与合作方面做出重要贡献。

（5）国家科技奖励评审制度的运行程序

国家科技奖励的评审组织机制不断完善。1995 年 12 月，国家科学技术委员会颁布了《国家科学技术奖励评审委员会章程》，该章程中规定国家科学技术奖励评审委员会是国家科学技术奖励的最高评审机构；主任委员是时任国务委员兼国家科委主任的宋健，副主任委员为李沛瑶，秘书长为惠永正，委员共 27 位。国家科学技术奖励的评审委员实行任期制，每届任期三年，可连聘连任。国家科学技术奖励复审委员会的主任委员为惠永正，副主任委员为路甬祥、韦钰、陈能宽、陆燕荪、陈敏章、卢良恕，其他委员 50 位；国家自然科学奖评审委员会的主任委员为徐冠华，副主任委员为师昌绪、唐有祺、韦钰、孙鸿烈，委员 50 位；国际科学技术合作奖评审委员会的主任委员为惠永正，副主任委员为秦华孙、韦钰、许智宏，委员 24 位。

20 世纪 90 年代，国家科学技术奖励的评审制度从过去的各奖种分别独立评审制演化成了统一的"两级三审"制，即报奖项目需要分别通过国家科学技术奖励评审委员会和专业（学科）评审委员会的"两级"委员会的审查，并且需要通过初审、复审、终审三轮评审环节。1996 年 10 月，国务院颁发了《关于"九五"期间深化科学技术体制改革的决定》，提出"改革科技奖励制度，设立国家科技成果推广奖，建立科技工作评价体系和知识产权管理体系，形成新的科技工作激励机制"。1997 年 8 月，国家科学技术委员会发布了《国家科学技术奖励推荐和评审工作的补充规定》，首次规定了国家科技奖励推荐实行"限额推荐制"。

1979—1999 年，获国家自然科学奖、国家技术发明奖和国家科学技术进步奖的项目共 1.25 万项。

2.3 1999—2012 年：国家科技奖励的拓展与完善

1999 年起，中国国家科技奖励制度进入不断拓展与完善的阶段。随着社会主义市场经济的发展和创新型国家建设的需要，中国逐步开始推进科技体制改革，原有的科技奖励工作逐渐暴露出来一系列的问题，主要体现在：一是各级政府设立的各类科技奖项数量繁多，种类参差不齐，造成科技奖励声望下降，科技奖励的激励效果被大幅削弱。据不完全统计，仅省部级科技奖的授奖数量每年就达 12000 项左右，科技奖励的激励效果被大幅削弱，引起了科技评价的不良风气，甚至干扰了科技和经济的正常运行。二是中国一些民间社会力量也设立了科技奖，但是科技奖评审不规范，缺乏有效的监督和管理等问题，难以体现科技奖促进科技事业进步的根本宗旨。三是国家科技奖励奖项设置单一，缺少直接面向科技人员的奖项。同时，国家缺乏严格管理，科技奖励运行中的负面效应日益突出，引起了科技评价的不良风气，甚至干扰了科技和经济的正常运行。为适应社会主义市场经济和科技发展的需要，增强对原始创新的奖励力度，鼓励自主创新，必须调整科技奖励结构。国务院及时发现了科技奖励政策的上述问题，对国家科技奖励制度进行重大改革。

1999 年 1 月，李岚清副总理主持召开了关于"研究科技奖励工作"的专题会议，提出有针对性地改革现行的国家科技奖励制度。5 月，朱镕基签发总理令，国务院颁布修订后的《国家科学技术奖励条例》（以下简称《条例》）。7 月，国务院办公厅下发《科学技术奖励制度改革方案》，开始对我国国家科技奖励制度根据"少而精"的原则进行全面改革。标志着我国现行国家科技奖励体系的正式确立。《条例》规定，国务院只设立国家最高科学技术奖、国家自然科学奖、国家技术发明奖、国家科学技术进步奖和中华人民共和国国际科技合作奖这五类奖种。国家科学技术奖每年评审一次，其中国家最高科学技术奖每年不超过 2 人，国家自然科学奖、国家技术发明奖和国家科学技术进步奖每年授奖总数不超过 400 项，中华人民共和国国际科技合作奖每年不超过 10 人。

改革之后，国家科学技术奖从 800 项减少到不超过 400 项。国务院除有关部门根据国防、国家安全的特殊情况，可以设立部级科学技术奖，各省、自治区、直辖市人民政府可以设立一项省级科学技术奖。除此之外，其他一律不再设奖，这就进一步强化了国家科学技术奖励的权威性。其中，国家最高科学技术奖、国家自然科学奖和国家技术发明奖授予中国公民，国家科学技术进步奖授予中国公民或组织，中华人民共和国国际科学技术合作奖授予外国人或者外国组织，并明确了五大奖种的客体（详见表 2.1）。国家最高科学技术奖、中华人民共和国国际科学技术合作奖属于人物奖，国家自然科学奖、国家技术发明奖、国家科学技术进步奖属于成果奖。

表 2.1　国家科技奖励的客体

奖种	奖励客体
国家最高科学技术奖	授予下列科学技术工作者：①在当代科学技术前沿取得重大突破或者在科学技术发展中有卓越建树的；②在科学技术创新、科学技术成果转化和高技术产业化中，创造巨大经济效益或者社会效益的。国家最高科学技术奖每年授予人数不超过 2 名
国家自然科学奖	授予在基础研究和应用基础研究中阐明自然现象、特征和规律，做出重大科学发现的公民
国家技术发明奖	授予运用科学技术知识做出产品、工艺、材料及其系统等重大技术发明的公民
国家科学技术进步奖	授予在应用推广先进科学技术成果，完成重大科学技术工程、计划、项目等方面，做出突出贡献的公民、组织
中华人民共和国国际科学技术合作奖	授予对中国科学技术事业做出重要贡献的下列外国人或者外国组织：①同中国的公民或者组织合作研究、开发，取得重大科学技术成果的；②向中国的公民或者组织传授先进科学技术、培养人才，成效特别显著的；③为促进中国与外国的国际科学技术交流与合作，做出重要贡献的

这次改革形成了比较完善的国家科技奖励新格局，在我国科技奖励发展史上具有里程碑式的意义。此后的国家科技奖励制度的发展是在此格局上进行的微调，如国务院先后于 2003 年 12 月和 2008 年 12 月对《国家科学技术奖励条例》及《国家科学技术奖励条例实施细则》进行的修订。

首先，国家最高科学技术奖是我国科学技术的最高奖项，按照少而精的原则，重奖拔尖优秀的科技人才，鼓励广大科技人员攀登科学技术的高峰、献身科教兴业大国。根据《国家科学技术奖励条例》第二十条，经国务院批准规定：国家最高科学技术奖奖金为 500 万元。其中，50 万元属获奖者个人所得，用于改善生活条件；450 万元由获奖者自主选题，用作科学研究经费。设立国家最高科学技术奖是 1999 年国家科技奖励制度改革的一个重大举措，高度体现了党和国家对科学技术工作、特别是在科学技术活动中做出重要贡献的科技人才的关怀和重视。这是国家首次设立科技人物奖，突破了以往国家科技奖以奖项目带人的格局，丰富、完善了国家科技奖励体系。直接奖励个人，体现了国家对杰出科学家的重视，认可他们在推动科技进步中的突出价值和领头作用，有利于进一步营造我国尊重知识、尊重创新的社会氛围，创造以优秀创新人才为核心，形成开放、流动、竞争、协作的机制，引导

和强化在科学技术研究开发中的独创性的方法和优异的行为模式。因此，国家最高
科学技术奖的设立是中国科技奖励史上的重要突破，该奖的设立被评为 1999 年度
中国十大科技新闻。由于最高科学技术奖权威性高、荣誉性强、奖励强度大，在我
国科技界具有极高声望，备受全社会关注，对广大科技工作者具有重要激励和启迪
作用。

其次，奖励等级上取消了三等奖、四等奖的设置。经过改革后，国家科技奖授
奖数量大幅精简，控制在每年 400 项以内。非涉密的部级科技奖励和厅局级科技奖
励被取消，仅备案保留根据国防、国家安全的特殊情况设立的部级科学技术奖。各
省级的科技奖数量和种类也被大大压缩，规定各省、自治区、直辖市政府只可设立
一项省级科学技术奖。

最后，国家科学技术奖励全面实行限额推荐制后仍保留了"两级三审"制度，
但改革后，国家科学技术奖励委员会成为国家科学技术奖的最高评审机构。国家
科学技术奖励委员会负责聘请有关方面的专家、学者分别组成五大奖种的评审委员
会，完成五大科技奖的评审工作。因申报国家自然科学奖、国家技术发明奖、国
家科学技术进步奖三大奖的项目较多，这三大奖评审委员会还分别设立了若干评
审组，对报奖项目进行分组初评[95]。1999 年 7 月，国务院办公厅以国办发〔1999〕
67 号文转发科技部《科学技术奖励制度改革方案》。1999 年 12 月，科技部发布了
《国家科学技术奖励条例实施细则》，具体包括奖励范围和评审标准、评审机构、推
荐、评审、异议及其处理等细则内容。

1999 年年底，科技部制定颁布了《省、部级科学技术奖励管理办法》，加强对
省、部级科学技术奖励工作的管理和指导。为了鼓励社会力量支持科学技术事业，
加强对社会力量设奖的规范管理，科技部同期制定并颁布了《社会力量设立科学技
术奖管理办法》，由科技部负责管理全国社会力量奖励工作，意在监督社会力量奖
励的规范运行，提高社会力量奖励的公开度和影响力。

2000 年 2 月，国家科学技术奖励委员会召开第二次会议，审议推选了五大奖
种评审委员会委员。其中，国家最高科学技术奖评审委员会由 21 人组成，主任委
员：朱丽兰，副主任委员：陈宜瑜、王淀佐、温光春。国家自然科学奖评审委员会
由 40 人组成，主任委员：徐冠华，副主任委员：孙枢、侯云德。国家技术发明奖
评审委员会由 40 人组成，主任委员：韦钰，副主任委员：梁应辰、范云六。国家
科学技术进步奖评审委员会由 40 人组成，主任委员：惠永正，副主任委员：陆燕
荪、王万宾、栾恩杰、陈达植。中华人民共和国国际科学技术合作奖评审委员会由

21 人组成，主任委员：惠永正，副主任委员：韦钰、陈佳洱。会议审议通过国家科学技术奖励有关评审委员会下设的各学科和专业评审组类别，以及各组相应的评审范围；国家自然科学奖评审委员会下设 9 个学科评审组，国家技术发明奖评审委员会和国家科技进步奖评审委员会共同下设 29 个专业评审组。国家科学技术奖励评审机构的组成如图 2.1 所示。

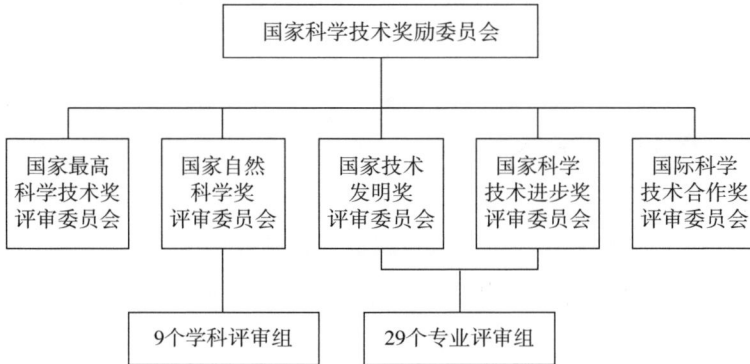

图 2.1　国家科学技术奖励评审机构组织架构

2003 年 4 月，国家科技奖励工作办公室采用新的信息技术手段，首次在官方网站上将当年形式审查合格的自然科学奖项目、技术发明奖通用项目和科技进步奖通用项目的基本内容进行公示，接受来自科技界或社会公众实名提起的合理异议。2003 年，国家科技奖励工作办公室开始启用"国家科学技术奖网络评审系统"，推进评审信息化进程。国务院于 2004 年 1 月正式颁布了新修订的《国家科学技术奖励条例》，再次调整了奖项设置，增设了三大奖种的特等奖级别。此后，每年均有重大项目成果获得国家科技进步奖特等奖，但国家自然科学奖特等奖和国家技术发明奖特等奖始终都是空缺的。

国家科技奖励工作办公室经过多年努力建立的过程公开、监督到位的国家科学技术奖励质量管理体系于 2006 年 11 月通过 ISO 9001 认证。该管理体系既规范管理国家科技奖励办公室工作人员的管理行为，又要规范专家的评审行为。实现操作程序和作业过程的公开和透明，便于进行监督、检查和考核。2006 年 11 月，科学技术奖励监督委员会成立，首届委员会由科技管理、知识产权保护、纪律检查等方面的专家、学者组成。中国工程院副院长潘云鹤任主任委员，卫生部原副部长彭玉任副主任委员。

为了节约评审开支和简化评审流程，节约评审科学家的宝贵时间。2008 年 4 月，国家科学技术奖的初评会议答辩首次采取异地电话答辩形式。2009 年 1 月，科技部公布了新修订的《国家科学技术奖励条例实施细则》，把"努力造就和培养世界一流科学家、科技领军人才和一线创新人才"作为科技奖励的重要目标，更加突出了新时期国家科技奖励的政策导向。2000—2012 年，国家科学技术奖已经评选了 13 届，共评选出最高科学技术奖 22 人、国家自然科学奖 382 项，国家技术发明奖 421 项、国家科技进步奖 2484 项、国际科学技术合作奖 62 人。

2.4 2013—2022 年：国家科技奖励的改革与发展

中国国家科技奖励工作经过 21 世纪第一个 10 年的调整和拓展，取得了很大的成果，但任何一项工作都需要不断自我革命、自我革新以及不断完善，为了更好地发挥科技奖励制度的作用，针对当前存在的问题进行改革是必要的。进入 21 世纪第二个 10 年后，科技发展面临着新的机遇和挑战。"建设创新型国家"和"增强自主创新能力"是发展科学技术的战略重点，需要走出中国特色自主创新道路，推动科学技术的跨越式发展。在此期间，国家科技发展的总体目标是：自主创新能力显著增强，科技促进经济社会发展和保障国家安全能力显著增强，为全面建设小康社会提供强有力的支撑；基础研究和前沿技术研究综合实力显著增强，取得一批在世界上具有重大影响的科技成果，进入创新型国家行列，为 21 世纪中叶成为世界科技强国奠定基础。因此，在建设创新型国家的新时期，国家科技奖励主要在支持和引领自主创新、造就创新型科技人才、发展创新文化等方面发挥积极作用，让一切有利于创新的活力竞相迸发。这一时期，国家科技奖励工作一直围绕着"改革"与"发展"两个主题展开。

2013 年 7 月 18 日，国务院发布《国务院关于废止和修改部分行政法规的决定》，第二次修订了《国家科学技术奖励条例》。2015 年 4 月，根据新时期科技奖励工作的开展情况，国家科技奖励工作办公室制定发布了《国家科学技术奖评审行为准则与督查暂行规定》，同时废止 2003 年 7 月 1 日发布的《国家科学技术奖评审行为准则与督查暂行办法》。由国家科技奖励体系的改革和完善的过程可以看出，国家科技奖励体系经历了从分散到集中的演变历程，也不断通过改革的实践逐步形成了"层级递进""限额推荐"的国家科技奖评审制度。这一方面提高了国家科技奖的权威性，另一方面也进一步强化了政府主导的科技奖励体系。

2017 年，国务院办公厅印发了《关于深化科技奖励制度改革的方案》（以下简称《深改方案》），指明了国家科技奖励制度改革的新思路是"提高质量、减少数量、优化结构、规范程序"。《深改方案》提出对国家科学技术奖进行改革完善，将推荐制改为实行提名制、建立定标定额的评审制度、奖励对象由"公民"改为"个人"、明晰专家评审委员会和政府部门的职责、增强奖励活动的公开透明度、健全科技奖励诚信制度、强化奖励的荣誉性 7 个重点任务 [96]。通过改革不断改进和完善科技成果评价工作，推进国家科技奖励制度适应国家科技发展的新阶段和新需求。强化提名责任，由专家、组织机构、相关部门等提名，目的是在坚持政府主导的基础上充分发挥专家学者和专业机构的作用，突出奖励的学术性 [97]。根据"提高质量，减少数量"的改革要求，在奖励规模上，国家自然科学奖、国家技术发明奖、国家科技进步奖三大奖奖励总数从原来的 800 多项逐步减少到每年不超过 300 项，严格控制高等级奖项数量，提高科技获奖的含金量。在评审机制方面，建立了定标定额的评审制度，为了进一步帮助科研人员找准定位，遏制浮夸和包装拼凑等不良风气，规定一等奖、二等奖分开评审，提名一等奖项目落选后不能参评二等奖；提名二等奖的项目，特别优秀的可以破格提升为一等奖等。在这一改革政策的影响下，造成提名特等奖和一等奖项目的数量大幅下降。

2018 年 5 月 28 日，在中国科学院第十九次院士大会、中国工程院第十四次院士大会隆重开幕之际，习近平总书记向全党全国全社会发出动员令："动员全党全国全社会万众一心为实现建设世界科技强国的目标而努力奋斗。"世界科技史的发展证明，谁拥有了一流创新人才、拥有了一流科学家，谁就能在科技创新中占据优势。人才评价作为指挥棒，引领着科技人才的创新方向和努力方向。因此，应从多个方面入手，从科技人才评价体系、完善与优化科技奖励制度等不同维度着手，建立并实施有利于科技人才专注研究和激励创新的制度，为那些敢于冒险、追求真理的创新探索提供闪光的舞台。2018 年，国家科技三大奖全面放开专家提名方式，同时取消提名单位提名的名额限制，这一改革也是我国国家科技奖励制度重要的改革举措。2019 年 12 月，财政部、科技部出台《国家科学技术奖励绩效评价暂行办法》，对国家科学技术奖设立的目的、奖励的种类、评选的方式方法以及评选机构等做出详细规定，并要求在评选过程中综合运用专家咨询、调研座谈、案例和关键指标分析等方法开展评选工作。以上改革措施和新政策的出台，不断促进我国国家科技奖励制度的完善和发展。作为政府科技奖励的最高层级——国家科学技术奖的相关制度改革进入深水区。

2020 年 10 月，国务院公布了修订后的《国家科学技术奖励条例》（简称《条例》），这是继 1999 年、2003 年之后进行的第三次修订，上升为具有法律效力的制度规范，为构建更加科学、公正、激励有力的科技奖励体系奠定了制度基础。新《条例》删去了"国家科学技术奖每年评审一次"和"国家自然科学奖、国家技术发明奖、国家科学技术进步奖每年奖励项目总数不超过 300 项"的表述，为评奖周期和规模的改革留下了空间。在评审机制上也有重大调整，主要是：①报奖方式的转变，由"推荐制"调整为"提名制"是此次《条例》调整的一大亮点。改革后的报奖方式由专家、学者、组织机构和相关部门等提名，并明确落实提名者的责任。国家科技奖励从"主动自荐"转变为"被动他荐"，以引导科技人员潜心研究，专注学术，遏制学术浮躁等不良风气。②评审程序透明是刚性要求，坚持"公开、公平、公正的原则"，将评审办法、奖励总数、奖励结果等信息面向社会公布，接受社会监督。③推进科研诚信体系的制度化建设。建立对提名专家、学者、组织机构和评审委员、评审专家、候选者的科研诚信严重失信行为数据库。对触犯科研诚信问题的个人或组织实施"一票否决"，加大监督惩戒力度，营造风清气正的学术环境。④强化科技奖励的荣誉激励，回归奖励本质。新版《条例》明确规定，禁止以国家科学技术奖名义牟取不正当利益。

新《条例》进一步明确了设立国家科技奖的目的是"为了奖励在科学技术进步活动中做出突出贡献的公民、组织，调动科学技术工作者的积极性和创造性，建设创新型国家和世界科技强国"。突出强调了国家科学技术奖应当与国家重大战略需求和中长期科技发展规划紧密结合；加大对基础研究和应用研究的奖励。三大奖项的侧重分别是：国家自然科学奖应当注重前瞻性、理论性；国家技术发明奖应当注重原创性、实用性；国家科学技术进步奖应当注重创新性、效益性。2021 年 3 月 16 日，《求是》发表习近平总书记的重要文章《努力成为世界主要科学中心和创新高地》，文章指出，"要全面深化科技体制改革，提升创新体系效能，着力激发创新活力。破除一切制约科技创新的思想障碍和制度藩篱，坚持科技创新和制度创新'双轮驱动'，优化和强化技术创新体系顶层设计"。在人才创新的激励方面，提出"要牢固确立人才引领发展的战略地位，全面聚集人才，着力夯实创新发展人才基础。创新之道，唯在得人。要创新人才评价机制，加快形成有利于人才成长的培养机制、使用机制、激励机制、竞争机制，形成天下英才聚神州、万类霜天竞自由的创新局面"。

为了给引导科研人员潜心研究营造良好环境，更大激发创新活力，2021 年

3—4月，国家科学技术奖励办公室在中国科技会堂先后主持召开了中国科学院院士代表座谈会、中国工程院院士代表座谈会、高校系统专家教授和科技管理人员代表座谈会、中央企业科技专家和科技管理人员代表座谈会、民口提名单位科技管理人员代表座谈会、社会力量设奖单位科技管理人员代表座谈会，当面听取各方面对国家科技奖励深化改革发展的意见和建议。

与会人员围绕如何调整优化国家科技奖励评奖周期和授奖规模，进一步完善评奖方式和评审机制等问题发表看法并提出建议。其中，关于评奖周期的调整，是否应该将"一年一次"评奖周期调整为"两年一次"。部分专家认为，随着国家在科技投入方面的力度不断增强，相应的产出也是非常高的，缩短评奖周期则会造成科技奖励覆盖面不足，起不到应有的激励作用。关于授奖标准和数量，大部分专家认为目前每年300项的评奖指标并不多，甚至有点少，会加大竞争，导致更多问题。因此建议增加到每年400～600项，同时要明确评奖范围，提升评奖质量，国家奖更要突出符合国家重大战略需求和中长期科技发展规划的特点，发挥引领作用。关于优化国家科技奖励评奖方式，指出目前"提名制"主要存在"提名数量过多、项目良莠不齐、过度开放、人情关系"等问题，建议从"提高门槛、分配指标、优化流程、诚信建设"等方面进行改革。关于设立社会科技奖励，参会专家认为要加强管理和审查，避免重复设奖，建立统一的社会奖励信息公开平台，制定社会力量设奖的标准，加强政府对社会力量办奖的培训，加强统一管理以及明确奖励等级的认同等。

在广泛调研和意见咨询的基础上，2021年7月，国务院发布了《关于完善科技成果评价机制的指导意见》，要改革完善科技成果奖励体系，"坚持公正性、荣誉性，重在奖励真正做出创造性贡献的科学家和一线科技人员，控制奖励数量，提升奖励质量。调整国家科技奖评奖周期。完善奖励提名制，规范提名制度、机制、流程，坚决排除人情、关系、利益等小圈子干扰，减轻科研人员负担。优化科技奖励项目，科学定位国家科技奖和省部级科技奖、社会力量设奖，构建结构合理、导向鲜明的中国特色科技奖励体系。强化国家科技奖励与国家重大战略需求的紧密结合，加大对基础研究和应用基础研究成果的奖励力度。同时，应培育高水平的社会力量科技奖励品牌，政府加强事中事后监督，提高科技奖励整体水平"。

2.5 小结

科技奖励制度是我国科技政策中的重要内容，是党和国家激励自主创新、激发人才活力、营造良好创新环境的一项重要举措。经过 70 多年的探索、完善、改革和发展，我国科技奖项设置已经形成国家科技奖、省部级科技奖、社会力量设奖（科技人才奖、国际奖项）多元并举、共同发展的新格局，也逐渐形成不同类型科技奖励的社会等级和声望层次。国家科技奖励制度对推动我国科技进步发挥了不可替代的作用，其持续、稳定实施对持续激励全社会创新活力至关重要。

国家科技奖是我国科技奖励体系声望最高的科技类奖励，在激励自主创新、激发人才活力、营造良好创新环境上起到引领导向作用，在推进科技创新、发挥科技的社会功能、促进社会进步方面具有重要价值。在不同时期，根据国家科技战略目标的调整国家科技奖励制度不断进行改革，实现了科技奖励的制度化进程，形成了基本奖励格局、评审制度、颁奖组织机构以及法律地位。国家科技奖励作为我国最具影响力的政府科技奖励具有特殊的地位，具有国家意志和导向，是政府科技奖项系列中级别最高的奖项，代表着国家层面对科研成果的认可，具有较高的公信力和权威性，在促进国家科技事业的发展进程中扮演非常重要的角色。因此，国家科技奖励工作质量高低、绩效如何，体现着国家的权威性和公信力，直接影响广大科技工作者的创新创造热情，乃至创新型国家和世界科技强国建设目标的达成。

党的十八大以来，国家科技奖励制度改革的主要思路是"提高质量、减少数量、优化结构、规范程序"。2017 年出台《关于深化科技奖励制度改革的方案》，是党的十八大以来我国深化科技体制改革的重要举措，也是我国科技奖励制度化过程的重要节点。2020 年《国家科学技术奖励条例》出台，这是继 1999 年、2003 年之后的第三次修订，将深化科技奖励制度改革的有关举措以及科技奖励实践中探索的做法和经验上升为法律规范。明晰了国家科技奖的设奖目的，明确了三大奖要各有侧重：国家自然科学奖应当注重前瞻性、理论性；国家技术发明奖应当注重原创性、实用性；国家科学技术进步奖应当注重创新性、效益性。评奖机制方面的最大改革是报奖方式的转变，由"推荐制"调整为"提名制"，突出科技奖励的学术导向，落实提名者责任，将国家科技奖励从"主动自荐"转变为"被动他荐"。

第 3 章

国家科技奖评审过程的行动者网络特征

3.1 国家科技奖处于中国科技奖励体系中的最高层级

3.1.1 政府科技奖与社会科技奖的不均衡发展

基于对国家科技奖励制度发展历程的系统梳理可以发现，新中国成立 70 多年以来，科技奖励制度随着国家社会和经济的发展取得了长足的进步，通过不断改革措施和新政策的出台，形成了具有中国特色的科技奖励制度：一是政府颁设的科技奖和科技奖励活动得到较好发展，政府科技奖在整个国家科技奖励体系中的权威性不断获得强化，而民间社会科技奖发展滞后；二是国家科技奖扮演着科技管理的职能，在科技奖励中居于主体地位，成为地方政府和部门科技奖励仿照的范例。

为了激励广大科技工作者的积极性和创造性，除了完善政府科技奖，还需要加大民间科技奖励发展，与政府部门设置的科技奖励相辅相成。1993 年 7 月 2 日，国家出台《中华人民共和国科学技术进步法》，将奖励科技进步作为一项基本政策，从立法上确立了中国的"科学技术奖励"制度。1994 年 2 月，国家科委、国家体改委联合发出《适应社会主义市场经济发展，深化科技体制改革实施要点》的通知，明确提出"完善国家科技奖励体系。鼓励国内外组织和个人设置科技奖励基金，奖励和资助做出重要成就的科技人员"（第 28 条）。以上政策方针，在推进国家级和省部级等政府科技奖励制度的同时，激励了其他企事业单位、民间团体等社会力量参与设立科技奖励的积极性，促进了中国科技奖励向多层次、多元化方向发展。

1988 年设立了陈嘉庚奖，只接受专家（教授、研究员）推荐，不受理个人申请，考虑国际上对青年奖的重视和我国目前对青年奖的设置数量和水平与我国科技发展现状不相适应的状况，2010 年新增了陈嘉庚青年科学奖。爱国华侨王丹萍先生1992 年独资设立的王丹萍科学奖，该奖与国家科技奖评选紧密相关，每年从已获得国家发明奖和国家科技进步奖的中青年优秀获奖人中选拔产生。1994 年 3 月，由何善衡、梁铢琚、何添、利国伟 4 位香港爱国金融家捐资设立了何梁何利基金，创设何梁何利基金科技奖，旨在促进中国的科学与技术发展，激励科技工作者不断攀登科学技术高峰。为实施"科教兴国"战略，深化"跨世纪青年人才工程"，1996 年中华全国青年联合会与西安金花企业集团共同发起设立了"中国青年科学家奖"金花基金，用于"中国青年科学家奖"的评选，等等。2001 年起，各个学会、企业、社团设立的科技奖得到快速发展，仅此一年，出现了李四光地质科学奖、中华医学科技奖、高士奇科普奖、中国电力科学技术奖等 26 项社会科技奖励。2003 年，国务院发布施行修订后的《国家科学技术奖励条例》，其中第七条明确规定"社会力量设立面向社会的科学技术奖，应当在科学技术行政部门办理登记手续。具体办法由国务院科学技术行政部门规定"。

截至 2019 年 2 月，在国家科技奖励办登记的社会科技奖励已有 297 项。从社会科技奖设奖主体来看，可以分为三类：①全国学会、促进会、研究会创设的奖励；②由企业、行业协会、产业联盟独立发起或共同设立的奖励；③以科学家名字命名的科技教育基金会设立的奖励。从奖励对象结构来看，目前仍然以奖励项目成果为主，奖励项目成果的奖项约占设奖总数的 70%，仅奖励个人的奖项只占 30%。随着国家对社会科技奖励活动的鼓励、提倡和支持，社会科技奖励的数量不断增加，影响也逐渐扩大，对调动广大科技人员的积极性起到重要作用。除社会组织参照《国家科学技术奖励条例》设立的奖项之外，其他社会力量组织评比达标表彰活动，需要符合 2012 年出台的《社会组织评比达标表彰活动管理暂行规定》，从而建立党和政府对民间力量创设科技奖励的管理，提高社会组织公信力。

相对政府科技奖的制度建设，中国社会力量设立的科技奖励发展依然缓慢。在社会中的宣传力度、公众知晓度，在学术界中的权威性和公信力等方面都很难超过政府部门颁设的科技奖。这与西方发达国家相比有很大的不同。在西方发达国家的科技奖励体系中，民间社会力量设立的科技奖励是主体，发展成熟、规模可观，在奖项设置、资金管理、奖励推荐和评审等方面积累了丰富的经验。政府不直接干预社会力量科技奖励的发展，而是由社会机构通过市场管理的方式运作，重在激励创新，引导潜心学术研究。例如，诺贝尔奖，它本身就是一种民间科技奖励；又例如，美国纽约的阿尔伯特·玛丽·拉斯克基金会于 1946 年设立"拉斯克奖"（Lasker Award），具有悠久的历史，有着诺贝尔奖风向标之称。

在中国，科技奖励制度的实施是国家对科技工作进行宏观调控的重要措施之一，也是对科技工作进行管理的重要手段。中国科技奖励的社会分层主要是按行政级别进行的。国家科技奖励处于权威地位，是最高层级的政府科技奖励，地方各级政府科技奖励的设置和评审方式均仿效国家科技奖进行设置。而社会科技奖励一般不具有"行政级别"，无法与科技管理部门的各种分配制度相配套，因而其社会声望和影响力远远低于政府科技奖励。造成我国社会科技奖的影响和作用远滞后于政府科技奖的原因，与我国科技奖励制度发展起来的历史原因、制度环境和文化特征有密切关系。

首先，新中国成立以后，政府着力发展科学技术并对科研机构进行整合，及至后来发生"文化大革命"等政治运动，社会力量设立科技奖励活动基本停止。直到改革开放以后，特别是 20 世纪 90 年代确立社会主义市场经济的建设目标后，社会科技奖励才恢复并发展起来。

其次，从社会结构与制度上看，中国社会结构单一，长期以来政治因素在社会生活各个方面发挥主导作用，加之原有计划经济体制的长期推行，科技项目管理、科技人员调配，职称职位评定以及配套奖励均由政府主管部门组织进行，造成对社会科技奖励的遏制 [98]。

最后，1999 年国家科技奖励条例颁布以来，国务院各部委设立的大部分科技奖励都转制成了社会科技奖，如转到学会或行业协会进行管理。这样转制而来的社会科技奖大都沿用了原来政府科技奖的奖项设置方式、奖励结构组成方式和奖励评审组织方式。在上述背景下，中国的政府科技奖和社会科技奖实际上处于非常不均衡的发展条件和环境。特别是，社会科技奖励在职能上往往与政府科技奖出现重叠，没有发挥独特的作用，也难以获得独特的地位，很难和政府科技奖之间形成各有特色、相互补充的科技奖励体系，实现最初希望的相辅相成的发展格局。而且，在一定意义上，大多数社会科技奖励，尤其是全国一级学会、协会的科技奖，往往成为进一步推荐申报国家科技奖的基础。这种做法很容易让社会科技奖成为国家科技奖或其他政府科技奖的附庸，而非与政府科技奖相互独立并具有独特作用的激励手段。

鉴于此，国家科技管理部门应积极引导社会力量设立定位准确、学科或行业特色鲜明的科技奖，规范社会科技奖励的运行，努力提高社会科技奖励的整体水平；鼓励若干具备一定资金实力和组织保障的奖励向国际化方向发展，培育若干在国际上具有较大影响力的知名奖励。政府还应该加强对社会力量设奖的支持，如制定社会力量设奖的奖金免税政策，鼓励提高奖金额度。只有建立集中与分散相结合、多层次、多类型、多元化的科技奖励体系，才能够改变以自下而上递进的纵向结构为特征的科技奖励体系，更好地发挥科技奖励的激励作用。

3.1.2 国家科技奖的权威性不断强化

通过对新中国科技奖励制度的建立、发展和演化的分析，本书将这半个多世纪以来的中国科技奖励制度的演化发展归纳为以下三个方面：

（1）形成以政府科技奖励为主、社会科技奖励为辅的科技奖励体系。科技奖励是学术共同体对科学成就和科研工作者的承认与鼓励，按照授奖机构可分为政府科技奖励和社会科技奖励两类。1949 年新中国成立以来，为了促进国家科技事业的发展，我国科技奖励体系中更为重视国家科技奖励制度的规范化和制度化发展，特别是国家科技奖励，经历了起步与探索、恢复与重建、拓展与完善、改革与发展阶段之后，其在中国科技奖励体系中占据绝对的权威地位，享有最高的社会公信力。曾经一段时间，国家科技奖采取"限额推荐制"，每年对授奖数量进行总体控制，并且严格控制年度授奖数量的增长。随着有推荐国家科技奖资格的单位的范围不断扩大，如把部分全国一级学会或协会等原本属于社会力量设奖的单位也纳入国家科技奖励推荐申报中的一个环节，与省和部享有同样的推荐资格，在拓宽科技奖推荐范围的同时，也进一步强化了"政府主导"的科技奖励体系。相比之下，中国的社会科技奖处在不平衡发展态势，缺乏能够与政府科技奖的认可度和权威性持平的社会科技奖，科技界和社会上也认为获得由政府认定的科技奖的"含金量"更高。与之相比，主要发达国家形成了"社会科技奖励为主、政府科技奖励为辅"的科技奖励制度，两种奖励体系以互为补充、相互促进的结构稳定发展，社会科技奖不仅具有相当规模，而且国际影响力较大。例如，英国皇家学会设立的科普利奖（1731 年设立）是世界上持续历史最悠久的科学奖项，同样享有世界声誉的英国皇家天文学会金质奖章（1824 年设立）每年奖励一位天文学家，从 1964 年开始每年奖励一位天文学家和地质学家。更为大众熟知的各国学会、协会所设立的奖项还有拉斯克医学研究奖、菲尔兹奖、狄拉克奖章、图灵奖、冯·卡门奖、沃尔夫奖等。我国这样比较单一的科技奖励制度与不同层次、不同领域科技人员的多方需求逐渐相悖[99]。在政府科技奖授奖非常有限、社会力量设奖没有充分发展起来的情况下，给科研工作者带来比较大的压力。因此，探索设置具有较高权威性的社会科技奖，弥补仅由政府主导的单一的科技奖励模式，对促进中国科技事业的发展，有效激励科研工作者具有重要意义。

（2）国家科技奖励始终是国家科技管理的调控手段。在不同时期，社会需求与国家科技发展战略会有所不同，科技奖励制度也会随之进行调整，我国科技奖励工作始终围绕党和政府制定的科技方针政策开展。在 20 世纪 50—70 年代初，科技奖励工作贯彻"自力更生，迎头赶上"的科技发展方针，激励自力更生、刻苦攻关以及发挥社会主义集中力量办大事取得的成果。20 世纪 70 年代末至 80 年代初，科技奖励工作贯彻"全面安排，突出重点"的科技发展方针，在 1978 年全国科学技术大会上奖励了 7000 多项产生于"文化大革命"但未能获得国家科技奖的成果，对激励科技工作者、解放科技生产力发挥了重要的作用。1986 年，国务院提出了"面向、依靠"的科技方针，新设立的国家科学技术进步奖对鼓励广大科技人员面向经济建设主战场，解决国民经济发展中的重大科技难题和热点问题起到积极作用。1995 年，中共中央、国务院提出了"科教兴国"战略，加大对科技成果的转化推广，解决环境、资源等方面的突出问题的奖励力度。中共中央、国务院在 2006 年全国科学技术大会宣布"自主创新、重点跨越、支撑发展、引领未来"为新时期的科技方针，科技奖励工作也随之调整侧重点，向自主创新成果和创新人才方面倾斜。党的十九大以来，我国社会发展进入新的阶段，实现高水平科技自立自强是我国科技发展的战略支撑。伴随百年变局深入发展，新一轮科技革命和产业变革正在向纵深演进，国际竞争变得更加尖锐复杂，中美之间的科技竞争和人才竞争更加激烈。2022 年 4 月 19 日，中央全面深化改革委员会第二十五次会议审议通过了《关于完善科技激励机制的若干意见》。会议强调"要坚持面向世界科技前沿、面向经济主战场、面向国家重大需求、面向人民生命健康，树立勇担使命、潜心研究、创造价值的激励导向，营造有利于原创成果不断涌现、科技成果有效转化的创新生态，激励广大科技人员各展其能、各尽其才"。总之，科技奖励制度是党和国家为激励自主创新、激发人才活力、营造良好创新环境采取的重要举措，是我国长期坚持的一项重要制度，对促进科技支撑引领经济社会发展、加快建设创新型国家和世界科技强国具有重要意义。

（3）国家科技奖具有极高的权威性。长期以来，中国的学术科研机构形成了分级管理的组织模式，例如，高等教育机构隶属于教育部、国防科工委等部门管理。相应地，中国科技奖励制度也形成了由政府主导，国家科委统一组织，各下属单位分级管理的层级管理模式。科技工作者依托科研机构开展工作，在对其科研成果授予科技奖励的客体上，经历了从突出"集体"，弱化"个人"的历史阶段。随着科技体制的改革和激励个人创造力的需要，直到 20 世纪 90 年代，在授奖对象上，才开始对个人和对组织的科技成果的认定予以基本平等的对待。在中国政府主导的科技奖励体系中，无论是在计划经济时期，还是在转型阶段，乃至进入社会主义市场经济时期，国家科技奖始终在中国科技奖励体系中具有极高的权威性。单纯从中国进入市场经济阶段时间较短，计划经济影响较深来解释这个现象是不够的。这种状况与国家科技奖的评审过程及其行动者网络对国家科技奖权威性的不断强化有密切关系。评审是国家科技奖励的核心程序，是评审主体遵循一定的评审原则，按照规定的评审方法，根据评价指标（体系），对由申报、推荐产生的具有候选资格的科技成果等评审客体进行论证、评议、评选等活动，从而最终确定奖励对象，实现国家科技奖励及其评审目标的过程[100]。国家科技奖励作为政府科技奖励的最高等级，其评审程序最为复杂，流程最多，相对规范性较强，具有代表性，成为地方政府科技奖励的参照模板，大部分社会科技奖励也参照国家科技奖采用了类似的奖项设置和评审方式。

3.1.3　国家科技奖评审过程的基本程序

为了更好地理解国家科技奖励制度的显著特征，回答"为什么即便在社会主义市场经济阶段国家科技奖仍然具有很高的权威性？""为什么政府科技奖和社会力量科技奖出现不平衡的发展？"等问题，笔者引入行动者网络理论，通过追踪三大国家科技奖的评审过程中的相关行动者，试图打开国家科技奖评审机制的"黑箱"。具体地说，结合国家科技奖的评审过程，观察推荐、申报、评审、授奖、监督等各个环节中相关利益者、行动者的互动方式，分析可能对评奖产生影响的人的因素和非人的因素，它们是如何交互作用，如何在国家科技奖励评审的行动者网络中强化了国家科技奖的权威性，为进一步从深层次上反思中国的科技奖励制度提供基础。在此基础上，进一步分析这些行动者如何相互联结并为构建国家科技奖评审行动者网络提供必要的基础。

在分析国家科技奖的行动者网络构建之前，有必要首先介绍国家科技奖的评审过程和各个环节内容。国家科技奖励的评审工作流程分为推荐、形式审查与受理、评审、报批、颁奖五大环节。评审环节又具体分为三个或四个阶段程序，依次经过学科专业组初评（民口项目前置网络评审）、评审委员会评审和奖励委员会审定，如图 3.1 所示。在这个复杂的评审程序中，最为重要的是推荐和评审两大环节。国家科学技术奖励监督委员会对评审流程和纪律进行监督。

```
┌──────┐   ┌──────────┐   ┌────────┐   ┌──────┐   ┌──────┐
│ 推荐 │──▶│ 形式审查与 │──▶│  评审  │──▶│ 报批 │──▶│ 颁奖 │
│      │   │   受理    │   │        │   │      │   │      │
└──────┘   └──────────┘   └────────┘   └──────┘   └──────┘
                ┌──────────────────┴───────────┐
┌────────────────────────┐  ┌──────────────┐  ┌──────────────┐
│   学科专业组初评         │  │  评审委员会评审 │  │ 奖励委员会审定 │
│（民口项目前置网络评审）   │  │              │  │              │
└────────────────────────┘  └──────────────┘  └──────────────┘
```

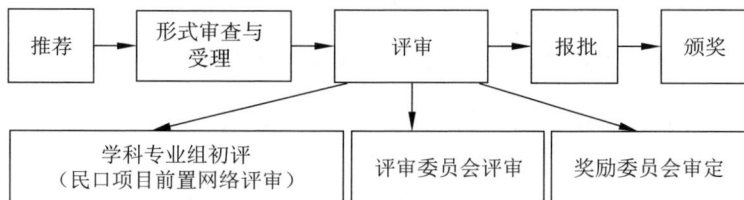

图 3.1　国家科技奖评审工作流程

3.2　国家科技奖评审过程中的行动者网络特征

　　国家科技奖励制度对激发科技人员积极性和创造性，促进科技进步起到了重要的激励和导向作用。评选出来的国家科技奖获得者及其获奖成果受到科技界和社会公众的广泛关注。但是，有部分获奖人及其成果受到学术界的质疑，甚至有的获奖成果被国家科技奖励工作办公室撤销，由此引发了社会各界对国家科技奖励制度的讨论，认为国家科技奖励制度的设计及其评奖过程存在一定的缺陷和弊端。为此，有必要深入分析国家科技奖励的评审过程，探究介入奖励体系中的个人（如报奖人、评审专家）、组织（如报奖单位、推荐单位、国家科技奖励委员会、国家科技奖励工作办公室等）等异质性行动者如何在奖励体系运行的过程中交互作用和共同行动，反思国家科技奖励的制度设计。

　　科学知识社会学家布鲁诺·拉图尔（Bruno Latour）、米歇尔·卡龙（Michel Callon）和约翰·劳（John Law）等为了理解科学活动的认识过程以及科学是如何在社会中运行的而创立的行动者网络理论（actor network theory，ANT），为考察国家科技奖励制度及其行动者关系提供了重要的分析框架。行动者网络理论重新界定了行动者的概念，行动者不仅包括通常意义上的人类行动者，也包括对特定社会过程有重要作用的非人行动者，如制度、技术或装置等。利益共同点使各类异质行动者或要素发生联结，行动者之间的联系及采用的路径被称为"网络"[①]。网络组建不是一个行动者使然，而是所有的行动者，预期或不预期地作用于这个过程的结果[②]。"网络"在这里不仅仅是描述某种关系具有网络结构，更是描述行动者之间互相联

①　Latour. Reassembling the social: An introduction to actor – network – theory [M]. New York: Oxford University Press，2005: 4.

②　Latour. Science in action: How to follow scientists and engineers through society[M]. Cambridge: Harvard University Press，1987: 124.

结的一种分析工具。行动者网络强调的正是行动者之间相互联结的方法，流动、联结的状态，以及在网络中相互塑造并实现角色功能的过程。在 ANT 视角中，所有行动者都不是嵌入社会背景的单纯信息提供者，而是具有能动性的参与者。行动者之间充满了各种各样的网络联结构成的行动者网络，追随行动者及其联结网络的建构，可以帮助我们更好地理解科学是如何在社会中运行的，对理解科学与社会的关系如何在交互作用过程中被不断塑造有重要启发，进而理解"行动中的科学"及其产生的影响。

国家科技奖的评审是国家科技奖励的核心程序。在国家科技奖评审过程中，形成了报奖人、报奖单位、推荐单位、评审专家、评审委员等不同利益行动者之间的交互关系，他们之间彼此博弈、相互竞争，构成彼此关联的行动者网络。在此网络中包括两类行动者：一类是直接参与国家科技奖励评审活动的人，即人类行动者；另一类是影响奖励评审的非人要素，即非人行动者。这里人类行动者可以是个人或者组织，比如报奖完成人、报奖单位管理人员、推荐单位管理人员、国家科技奖励工作办公室工作人员、国家科技奖评审专家，以及报奖单位、推荐单位、国家科技奖励工作办公室、国家科技奖励评审委员会、国家科技奖励委员会、国家科技奖励监督委员会等。非人行动者主要指国家科技奖励条例及实施细则、评审行为准则与督查暂行规定、限额推荐制、评价指标等法规和制度，以及评审对象所涉及的技术描述文件，如项目推荐书、项目多媒体演示材料等。

国家科技奖评审过程中的行动者分类参见表 3.1。下文分别详细介绍了国家科技奖评审行动者网络中的部分人类行动者和非人行动者，以便后续更好地理解国家科技奖评审行动者网络的建构过程。

表 3.1　国家科技奖评审行动者网络的行动者

类型	类别	行动者
人类行动者	个人	报奖人、报奖单位管理人员、推荐单位管理人员、国家科技奖励工作办公室工作人员、国家科技奖评审专家
	组织	报奖单位（企业、大学、科研机构）、推荐单位、国家科技奖励工作办公室、国家科学技术奖励委员会、国家科技奖励各评审委员会、国家科学技术奖励监督委员会
非人行动者	制度	国家科技奖励条例及实施细则、评审行为准则与督查暂行规定、限额推荐制、评价指标等法规和政策
	技术	项目推荐书、项目多媒体演示材料等技术资料

3.2.1 人类行动者

（1）报奖人和报奖单位

人类行动者包括报奖人和报奖单位。报奖人是在项目成果中做出实质性贡献的项目完成人；报奖单位，即对项目科技创新和推广应用做出贡献的项目完成单位，如具有推荐国家科技奖候选项目资格的推荐单位、组织国家科技奖励相关工作的国家科技奖励工作办公室、被邀请参加国家科技奖励评审的各学科专家、科技部聘请的国家科技奖励委员会委员等。国家自然科学奖和国家技术发明奖只颁发完成人证书，即奖励科技成果的完成人；国家科技进步奖既颁发完成人证书也颁发完成单位证书，即奖励科技成果的完成人和完成单位。

布鲁诺·拉图尔与史蒂夫·伍尔加（Steve Woolgar）在《实验室生活》中把科学奖励纳入科学信用投资的一部分，指出科学奖励系统已不仅仅是对做出贡献的科学家予以荣誉性的体制承认，以促使科学是探索真理的建制化目标得以顺利实现，而更为本质地关涉科学的社会分层、科学权利的行使、科技资源的分配和科学发展方向的控制，这被称为"信用循环理论"。依此理论来看，国家科技奖的获得者获得了科学共同体内部的承认，积累了更多的可信度，未来更容易向政府或企业申请到更大的科研立项，获得更尖端的科研设备，并在研究活动中享有更多的学术资源，产生更多的学术成果，进而争取到更多的学术荣誉[101-102]。

报奖人和报奖单位是国家科技奖评审行动者网络最积极的行动者，因为他们具有强烈的报奖欲望和内在驱动力。对报奖人而言，获得政府类科技奖与个人的职称评定、职务晋升、院士评选、科研项目经费获取、创新团队或研究群体申报等息息相关。国家科技奖无疑是政府科技奖中的最高层级，其信用等级更高。报奖单位也相当重视国家科技奖的申报，因该奖励与其学术排名、社会声誉、领导政绩、科研经费获取等密切相关，有的单位甚至将获得国家科技奖纳入了二级单位的考核指标。在社会影响力较高的艾瑞深校友会中国大学排名的指标体系中，获得国家科技奖励是大学科研产出评价的重要指标。

因此，"双一流"建设高校对获得国家科技奖都是高度重视的，置于重要地位；对于作为完成单位的国有大型企业而言，获得国家科技奖高等级奖项则是国资委对企业评估和央企负责人考核的加分项。

（2）具有推荐报奖项目资格的推荐单位

2017年，国务院发布《关于深化科技奖励制度改革的方案》。此前，国家科技奖励实行"限额推荐制"。国家科技奖励工作办公室每年根据各推荐单位以往推荐项目的获奖情况，动态计算出各奖种的推荐指标数，然后下达给各推荐单位。各推荐单位在国家奖励办下达的三大奖的"限额"指标内首先进行单位内部遴选，然后确定向国家奖励办推荐的项目。从行动者网络的角度来看，在"限额推荐制"下，有两个重要的"强制通行点"：一个是因为国家奖励办下达给推荐单位的"限额"指标，给推荐单位制造了"强制通行点"，为可能获得国家科技奖的单位或个人设置了进入评审过程的限制性条件；另一个则是推荐单位按照"限额"给报奖人所设定的"强制通行点"。两个强制通行点无疑给"限额推荐制"下的行动者要进入评选网络带来了更高的门槛。对推荐单位而言，推荐出来的项目能否最终获得国家科技奖，会影响推荐单位的社会声誉。这是对推荐单位发掘最优科研成果方面能力的一种承认，各推荐单位会倾向于把本部门或本系统最有竞争力的项目推荐出来，对标国家科技奖的评审标准，首先设立门槛，让报奖单位向其报送"最有竞争力"的项目。通常情况下，那些最新获得省部科技奖或学科领域奖的项目成果往往成为首先被推荐的对象。可见，具有推荐国家科技奖励资格的推荐单位是国家科技奖评审行动者网络中枢纽型的行动者，进而强化了推荐单位在国家科技奖评审网络中的重要地位。推荐单位具体包括省、直辖市、自治区人民政府，香港特别行政区、澳门特别行政区，国务院各部委，国务院直属机构，国务院直属事业单位，国务院各部委管理的国家局，中国人民解放军各总部，大型行业协会、学会，大型国有企业，中国科协，国务院三峡工程建设委员会办公室，中国工商联合会，武警总部等100余家单位，详见表 3.2。地方政府、国务院各部委等都是典型的政府部门。政府部门行动者具有典型的行政色彩，执行科技管理的重要职能。

表 3.2 国家科学技术奖励推荐单位目录（2008 年）

类型	推荐单位
各省、自治区、直辖市，特别行政区，计划单列市，新疆生产建设兵团	北京市、天津市、河北省、山西省、内蒙古自治区、辽宁省、吉林省、黑龙江省、上海市、江苏省、浙江省、安徽省、福建省、江西省、山东省、河南省、湖北省、湖南省、广东省、广西壮族自治区、海南省、重庆市、四川省、贵州省、云南省、西藏自治区、陕西省、甘肃省、宁夏回族自治区、青海省、新疆维吾尔自治区、新疆生产建设兵团、香港特别行政区、澳门特别行政区、大连市、宁波市、厦门市、青岛市、深圳市

续表

类型	推荐单位
中共中央直属单位	中共中央办公厅、中共中央组织部
国务院组成部委	外交部、国家发展和改革委员会、教育部、科学技术部、国防科学技术工业委员会、国家民族事务委员会、公安部、国家安全部、监察部、民政部、司法部、财政部、人事部、劳动和社会保障部、国土资源部、建设部、铁道部、交通部、信息产业部、水利部、农业部、商务部、文化部、卫生部、国家人口和计划生育委员会、中国人民银行、审计署
国务院直属特设机构	国有资产监督管理委员会
国务院直属机构	海关总署、国家税务总局、国家环境保护总局、中国民用航空总局、国家广播电影电视总局、国家体育总局、国家统计局、国家工商行政管理总局、国家新闻出版总署、国家林业局、国家质量监督检验检疫总局、国家食品药品监督管理局、国家安全生产监督管理局、国家知识产权局、国家旅游局、国家宗教事务局、国务院参事室、国务院机关事务管理局
国务院直属事业单位	新华通讯社、中国科学院、中国社会科学院、中国工程院、国务院发展研究中心、国家行政学院、中国地震局、中国气象局、国家电力监管委员会、中国银行业监督管理委员会、中国证券监督管理委员会、中国保险监督管理委员会、全国社会保障基金理事会、国家自然科学基金委员会
国务院部委管理的国家局	国家粮食局、国家烟草专卖局、国家外国专家局、国家海洋局、国家测绘局、国家邮政局、国家文物局、国家中医药管理局、国家外汇管理局、国家档案局、国家保密局
中国人民解放军各总部	总参谋部、总政治部、总后勤部、总装备部
大型行业协会、学会	中国商业联合会、中国电机工程学会、中国钢铁工业协会、中国机械工业联合会、中国煤炭工业协会、中国石油和化学工业协会、中国纺织工业协会、中国建筑材料工业协会、中国有色金属工业协会、中国物流与采购联合会、中国黄金协会、中国轻工业联合会、中华医学会、中国汽车工程学会
大型国有企业	中国建筑工程总公司、中国海洋石油总公司、中国石油化工集团公司、中国石油天然气集团公司、中国包装总公司、中国铁路工程总公司、中国铁路建设总公司、中国冶金建设集团公司、中国机械工业集团公司
其他推荐单位	最高人民法院、最高人民检察院、中国科学技术协会、国务院三峡工程建设委员会办公室、中华全国供销合作社、中国工程物理研究院、武警总部、中国工商联合会

（3）国家科学技术奖励委员会

国家科学技术奖励委员会负责对国家科学技术奖励工作进行宏观管理和指导，是国家科技奖励的最高评审机构，是国家科技奖评审行动者网络中的宏观决策行动者。其主要职责包括：聘请有关专家组成国家科学技术奖评审委员会；审定国家科学技术奖评审委员会的评审结果；对国家科学技术奖的推荐、评审和异议处理工作进行监督；为完善国家科学技术奖励制度提供政策性意见和建议等。

第四届国家科学技术奖励委员会的主任委员由科技部部长万钢担任，副主任委员由白春礼、潘云鹤担任，委员包括曹健林、程津培、张秋俭、张晓强、陈希、陈求发、廖晓军、钱七虎、李安东、陈宜瑜、周其凤、顾秉林、李振声、樊代明、姚檀栋、邬贺铨、张彦仲等国家部委领导、中国科学院院士和中国工程院院士。从委员组成来看，众多政府部委的领导（部长、副部长、副主委）是政府意志贯彻执行的有力行动者。

（4）国家科技奖励工作办公室

国家科技奖励工作办公室（简称国家奖励办）作为国家科学技术奖励委员会的日常工作机构，贯彻执行国家科学技术奖励政策和法规，承担国家科技奖励相关工作；负责省部级科技奖励备案，对地方、部门系统的科技奖励工作进行业务指导等。国家奖励办协助国家科技奖励委员会，具体负责国家科技奖评审的组织协调工作，是国家科技奖评审行动者网络中执行政府科技奖励管理职能的组织行动者。

（5）国家科技奖的评审委员会

国家科学技术奖评审委员会负责各国家科学技术奖的评审工作，并向国家科学技术奖励委员会报告评审结果；对国家科学技术奖评审中出现的有关问题进行处理。国家科学技术奖各评审委员会分别设主任委员 1 人，副主任委员 2～4 人，秘书长 1 人，委员若干人。秘书长由国家科学技术奖励工作办公室主任担任。根据评审工作需要，国家科学技术奖各评审委员会可以设立若干评审组。评审组对相关国家科学技术奖的候选人及项目进行初评，并将初评结果报相应的国家科学技术奖评审委员会。各评审组设组长 1 人，副组长 1～3 人，委员若干人，组长一般由相应国家科学技术奖评审委员会的委员担任。

国家科学技术奖评审委员会及各评审组的委员应当符合下述条件：学识渊博，熟悉本学科（专业）领域国内外科学技术发展动态，有较强的综合判断能力，具有高级专业技术职称或相当职务；认真负责，具有良好的科学道德和职业道德；身体健康，年龄一般不超过 70 岁；热心国家科学技术奖励事业，能够全程参加国家科学技术奖评审和有关活动[103]。评审委员会及各评审组的委员是国家科技奖评审行动者网络中的核心行动者。

（6）国家科学技术奖励监督委员会

国家科学技术奖励委员会设立科学技术奖励监督委员会，负责对国家科学技术奖的推荐、评审和异议处理工作进行监督。国家科学技术奖励监督委员会中包括驻科技部纪检监察部门的相关负责人。国家科技奖励工作办公室内部设立督查部门，按照监督委员会的要求，开展评审活动的日常督查工作，受理信访举报、异议、投诉并进行调查核实，向监督委员会汇报工作，并接受科技部纪检监察部门的指导和监督检查。在国家科技奖评审过程中，监督委员会及监督部门负责项目公示期异议的处理，信访举报投诉意见的处理，网评现场的监督检查以及评审工作的记录监督，贯彻科技奖励评审的各个阶段。因此，监督委员会是国家科技奖评审行动者网络中的监察行动者。

3.2.2　非人行动者

（1）国家科技奖相关法规和制度

国务院、科技部和国家科技奖励工作办公室发布了一系列的法规和规章制度，以促进国家科技奖励工作的开展。1999 年 5 月，国务院发布的《国家科学技术奖励条例》（2003 年 12 月第一次修订，2013 年 7 月第二次修订），1999 年 12 月，科技部发布的《国家科学技术奖励条例实施细则》（2008 年 12 月修订），2015 年 4 月，国家科技奖励工作办公室发布的《国家科学技术奖评审行为准则与督查暂行规定》，这些都是国家科技奖评审行动者网络的非人行动者，国家科技奖励工作办公室及其工作人员是它们的代言人。

国家科技奖的限额推荐制在《国家科学技术奖励条例》明确规定。国家科学技术奖候选人由下列单位和个人推荐：省、自治区、直辖市人民政府；国务院有关组成部门、直属机构；中国人民解放军各总部；经国务院科学技术行政部门认定的符合国务院科学技术行政部门规定的资格条件的其他单位和科学技术专家。推荐单位和个人限额推荐国家科学技术奖候选人。

（2）项目推荐书材料

项目推荐书是评审的基础文件和主要评审依据。项目推荐书是招募评审专家的重要的非人行动者。项目推荐书的绝大部分内容由项目团队填写完成，推荐单位只填写推荐意见页。以国家技术发明奖为例，项目推荐书材料包括：项目简介、重要技术发明、客观评价、推广应用情况、近三年经济效益、社会效益、完成人情况、完成人合作关系说明等主件材料，以及已获授权的主要发明专利说明书、计算机软件著作权证书、集成电路布图设计权证书、植物新品种权证书、相关论文专著、验收鉴定、权威部门出具的检测报告和批准文件、国家法律法规要求审批行业的批准文件、应用单位提供的应用证明等相关旁证支撑附件材料。

（3）多媒体演示材料

多媒体演示材料是指通过文字、图片、动画、视频等方式展示报奖项目中科学发现、技术发明或科技创新等内容的演示材料[104]。多媒体演示材料也是用来招募奖励评审专家的重要的非人行动者。国家自然科学奖、国家技术发明奖和国家科技进步奖报奖项目的多媒体演示材料内容各有侧重，详见图 3.2～图 3.4。因此报奖人应根据不同类型奖励的要求准备多媒体演示材料所展现的内容。

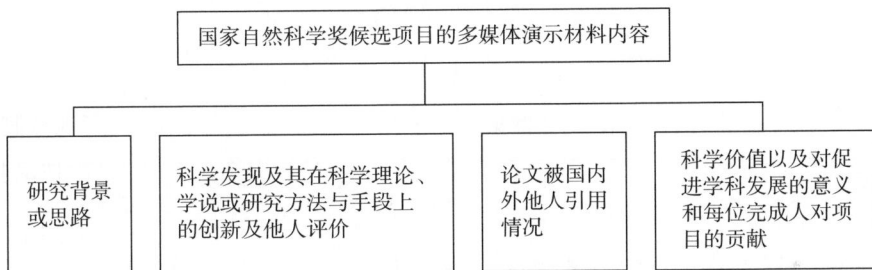

图 3.2　国家自然科学奖报奖项目的多媒体演示材料内容

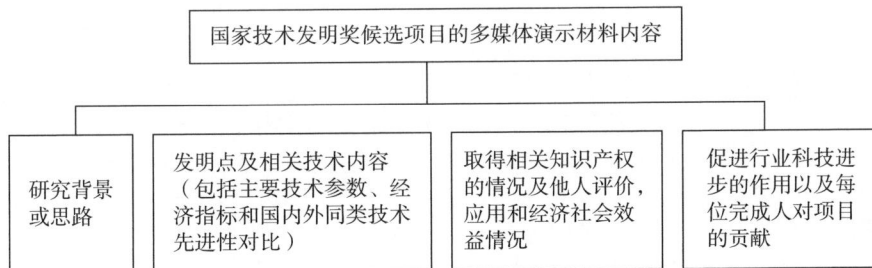

图 3.3　国家技术发明奖报奖项目的多媒体演示材料内容

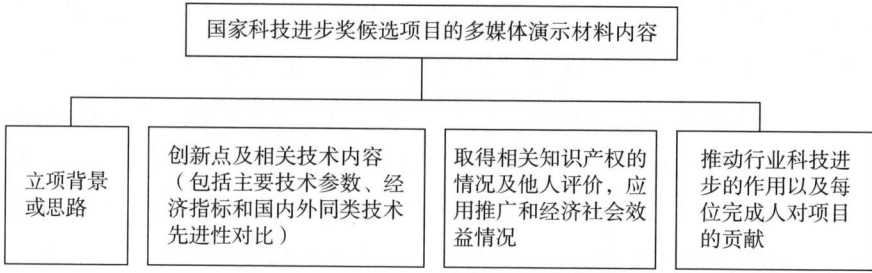

图 3.4　国家科技进步奖报奖项目的多媒体演示材料内容

（4）评价指标体系

无论网络评审的评委还是会议评审的评委，都会在电脑中看到国家科技三大奖各奖种的评价指标体系（2014 年制定），并且在评选优秀项目的时候，需要根据评价指标体系逐项打分，最终综合评定进行授奖等级投票。评价指标体系是国家科技奖评审行动者网络中的核心的非人行动者。

国家自然科学奖的评价指标分为：科学发现程度、主要学术思想和观点被他人认可的情况、主要论文发表刊物和专业著作的影响、对推动科学发展或满足国家发展需求的作用四个一级指标，权重依次为 40%、25%、15%、20%，见表 3.3。

表 3.3　国家自然科学奖评价指标

定量评价指标	指标含义	10 分　9 分	8～6 分	5～0 分	权重 /%
科学发现程度	指对自然现象和客观规律发现、认识和阐明的程度，包括科学探索与发现的深度、广度、系统性和研究领域的开拓，科学理论、学说的创建或研究方法与手段的创新	有重大发现与开拓创新	有重要发现与创新	发现与创新一般	40
主要学术思想和观点被他人认可的情况	指他人在正式发表的科学论文、专著、教材中正面引用完成人提出的学术思想、观点、方法，或被有关实验、实践所证实的情况，包括引用文章的质量、数量，引用文章发表刊物、引用内容及学术界的公开评价等	被学术界公认和广泛引用或验证	被学术界承认、引用或验证	被学术界部分引用或验证	25

定量评价 指标	指标含义	10分　9分	8～6分	5～0分	权重/%
主要论文发表刊物和专业著作的影响	指刊登主要论文的公开发行学术刊物、正式出版的学术专著在国内外学界的影响和地位	权威刊物或本学科最有影响刊物、专著	本学科重要刊物、专著	一般学术刊物、专著	15
对推动科学发展或满足国家发展需求的作用	指对本学科或相关学科发展的影响,如解决重要基础科学问题、形成新的分支学科、促进了相关学科的发展,或对经济建设、社会发展和国家安全的某一领域提供了重要理论指导及其作用和影响	有重大作用或影响	有重要作用或影响	作用或影响一般	20

国家技术发明奖的评价指标分为:新颖性与创造性、技术指标的先进程度、技术难度和复杂程度、技术成熟完备性、经济或社会效益、发展前景及潜在经济效益六个一级指标,权重依次为30%、25%、10%、10%、10%、15%,见表3.4。

表 3.4　国家技术发明奖评价指标

定量评价 指标	指标含义	10分　9分	8～6分	5～0分	权重/%
新颖性与创造性	指该项技术发明在技术思路、原理、方法上的创新程度	技术独特,创造性突出	新颖性、创造性明显	新颖性、创造性一般	30
技术指标的先进程度	指与国内外同类技术相比,该发明总体技术水平、主要性能(性状)、技术经济指标、环境与生态指标等所处的位置	达到同类技术领先水平	达到同类技术先进水平	接近同类技术先进水平	25
技术难度和复杂程度	指该发明所采用的主要技术在实现方面的难易程度,反映的是将已有技术引入发明中,还是提出了全新的技术引入发明中	全新技术,技术难度较大	结合其他领域已有技术,技术难度适中	技术稍有难度	10

定量评价指标	指标含义	10分　9分	8～6分	5～0分	权重/%
技术成熟完备性	指该发明已经形成生产能力或达到实际应用的程度，包括技术的稳定、可靠性等	已实现规模化生产，成果的转化程度高	已实际生产，成果的转化程度较高	技术基本成熟完备	10
经济或社会效益	指该发明已经取得的经济、社会效益	实际应用并取得显著经济、社会效益	实际应用并取得一定的经济、社会效益	能够进行初步应用，经济、社会效益不大	10
发展前景及潜在经济效益	指该发明的发展前景及扩展潜力，是否具备潜在的社会或经济效益	发展前景广阔，潜在社会或经济效益显著	发展前景明显，潜在社会或经济效益明显	有一定发展前景	15

　　国家科技进步奖具体还可细分为技术开发类、社会公益类、重大工程类、科普类、工人公民类、创新团队类等。这里介绍最为典型的技术开发、社会公益和创新团队三类科技进步奖的评价指标体系。

　　国家科技进步奖（技术开发类）的评价指标分为：技术创新程度、技术指标的先进程度、技术难度和复杂程度、技术成熟完备性、技术创新对推动科技进步和提高市场竞争能力的作用、经济或社会效益六个一级指标，权重依次为25%、15%、10%、10%、20%、20%，见表3.5。

表 3.5　国家科技进步奖评价指标（技术开发类）

定量评价指标	指标含义	10分　9分	8～6分	5～0分	权重/%
技术创新程度	指项目在技术开发中解决关键技术难题并取得技术突破，掌握核心技术并进行集成创新的程度，自主创新技术在总体技术中的比重	有重大突破或创新，且完全自主创新	有明显突破或创新，多项技术自主创新	创新程度不高，单项技术有创新	25

定量评价 指标	指标含义	10 分　9 分	8～6 分	5～0 分	权重 /%
技术指标的先进程度	指与国内外最先进技术相比其总体技术水平、主要技术（性能、性状、工艺参数等）、经济（投入产出比、性能价格比、成本、规模等）、环境、生态等指标所处的位置	达到同类技术领先水平	达到同类技术先进水平	接近同类技术先进水平	15
技术难度和复杂程度	指技术实现对理论、模型、算法及其他技术的依赖程度，以及与现有技术相比较超越程度	在自创的理论、模型等支撑下的技术实现	引入跨领域的技术得以实现	在现有技术基础上的改进	10
技术成熟完备性	指该技术已经形成生产能力或达到实际应用的程度，包括技术的稳定性、可靠性等	已实现规模化生产，成果的转化程度高	已实际生产，成果的转化程度较高	技术基本成熟完备	10
技术创新对推动科技进步和提高市场竞争能力的作用	指自主研发的关键技术对解决行业、区域发展的重点、难点和关键问题，推动产业结构调整和优化升级，提高企业和相关行业竞争能力，实现行业技术跨越和技术进步的作用和市场竞争中发挥作用的情况	显著促进行业科技进步，市场需求度高，具有国际市场竞争优势	推动行业科技进步作用明显，市场需求度高，具有国内市场竞争优势	对行业推动作用一般，有一定市场需求与竞争能力	20
经济或社会效益	指直接经济效益和间接经济效益，包括主要完成单位已经通过技术转让、增收节支、提高效益、降低成本获得的新增利润、税收的金额及他人由于使用该项技术而产生的经济效益	经济效益显著	经济效益明显	经济效益一般	20

国家科技进步奖（社会公益类）的评价指标分为：技术创新程度、技术指标的先进程度、技术难度和复杂程度、对相关领域科技进步的推动作用、推广应用程度、经济或社会效益六个一级指标（表 3.6）。

表 3.6　国家科技进步奖评价指标（社会公益类）

定量评价指标	指标含义	10分　9分	8～6分	5～0分	权重/%
技术创新程度	指项目在科学研究和技术开发中取得的进展和创新程度，包括建立新技术、新方法、新装置，掌握新规律及进行系统集成创新等	有重大突破或创新，且完全自主创新	有明显突破或创新，多项技术自主创新	创新程度不高，单项技术有创新	25
技术指标的先进程度	指项目与国内外同类技术、方法、装置比较，其性能、功能参数及总体技术指标等的水平	达到同类技术领先水平	达到同类技术先进水平	接近同类技术先进水平	15
技术难度和复杂程度	指项目研制开发的技术难度，包括涉及的专业领域范围、项目规模、需要解决的关键问题数量	规模、难度非常大，非常复杂	规模、难度很大，很复杂	规模、难度和复杂程度一般	10
对相关领域科技进步的推动作用	指项目技术水平提高的幅度，和对解决行业、区域、学科发展的关键问题，实现技术跨越或技术进步，制定国家、行业（学科）标准，推动行业（学科）或区域科技进步的作用	实现重大技术跨越，对行业技术进步作用显著	技术水平明显提高，对行业科技进步作用明显	技术水平有所提高，对行业科技进步作用一般	10
推广应用程度	指项目的实用性、适用性和已经推广应用的范围	实用性很强，已广泛应用	实用性较强，已在较大范围应用	实用性一般，已经部分应用	20
经济或社会效益	指项目对提高国家科学研究基础建设水平和科学技术普及的贡献，或在环境、生态、资源保护与合理利用，提高人民生活质量和健康水平，防灾、减灾，保障经济、社会有序、持久发展等方面所取得的综合效益	社会效益显著	社会效益明显	社会效益一般	20

　　国家科技进步奖（创新团队）的评价指标分为：创新能力与水平、社会贡献、影响力、组织结构与运行机制、团队建设与持续发展能力五个一级指标，权重依次为 40%、20%、15%、15%、10%，见表 3.7。

表 3.7　国家科技进步奖（创新团队）评价指标

评价指标	指标含义	评价要素	10～9分	8～6分	5～0分	权重/%
创新能力与水平	主要考察团队在科学研究、技术开发、工程建设、系统集成及管理方面的创新程度，技术水平是否达到国内外同类项目最高水平，核心成果的原创性程度	①代表性重大科学发现、研究进展、技术突破与创新；②代表性项目或任务的难度、复杂度及解决的经济社会发展、国家安全中的重大科技难题；③代表性科学发现与理论或技术思路、原理与方法、手段的创新程度；④代表性成果与国内外同类项目最高水平相比，成果的先进性；⑤代表性论文、论著；⑥代表性知识产权与标准	创新能力强，水平高	创新能力较强，水平较高	具备一定的创新能力和水平	40
社会贡献	主要考察团队科研成果对推动科学发展、技术进步，提高自主创新能力、保障国家安全，促进民生和生态文明建设，推动经济社会发展等方面发挥的作用	①代表性成果的直接、间接经济效益；②代表性成果的投入产出比；③代表性成果的社会效益；④代表性成果的国防安全效益；⑤代表性成果的生态效益	社会贡献突出	社会贡献较为突出	有一定的社会贡献	20
影响力	主要考察团队在国内外学术界和行业内的影响和地位	①代表性成果被国内外同行的公开引用、评价和认可度；②带头人、核心成员社会学术兼职；③团队、带头人及核心成员的学术地位被国内外学术界的认可度；④团队科研成果的获奖情况	影响重大	影力大	影响较大	15

续表

评价 指标	指标含义	评价要素	10～9 分	8～6 分	5～0 分	权重/ %
组织结构与运行机制	主要考察团队结构，带头人及核心成员的学术水平、科研道德风尚及科学素养；人才培养模式；团队协作合作能力、创新氛围；团队运行机制和组织管理模式	①带头人学术造诣、治学态度、敬业精神和创新能力；②核心成员的学术水平、合作能力和创新能力；③团队的年龄、学历、职称结构；④人才培养机制、长期合作协作能力及形成的创新氛围；⑤运行机制和组织管理模式	团队建设水平高	团队建设水平较高	具备一定的团队建设水平	15
团队建设与持续发展能力	主要考察承担重大科研任务能力和对未来发展的战略规划；团队依托的支撑平台和保障条件	①近十年承担重大科研任务情况；②对未来发展的规划，及其与国家经济社会和科技的中长期发展战略的符合度；③在建国家级、省部级实验室（工程技术中心）及配套资金、场地、实验仪器设备情况；④依托单位的支持政策、激励措施及落实情况	持续发展能力强	持续发展能力较强	具备一定的持续发展能力	10

综上，国家科技奖评审行动者网络中的行动者是异质性的，非人行动者与人类行动者在评审过程中所起的作用不尽相同。在考察国家科技奖励评审过程时，人们往往更多地关注人类行动者的行为，而忽视非人行动者对科技奖励评审的影响。然而，构建国家科技奖励评审的行动者网络正是要把这些非人行动者和人类行动者放在平等位置上来考虑问题，从而更为全面地考察国家科技奖评审过程和评审结果。

3.3　国家科技奖评审的行动者网络联结

辨别国家科技奖评审过程中的行动者，目的是要探究这些行动者如何交互作用构建国家科技奖评审行动者网络，并通过这种网络的构建，展现和塑造了中国国家科技奖励及其评审制度的特有品质。如拉图尔所指出的，网络组建不是一个行动者，而是所有的行动者不可预期地作用于这个过程的结果。在这里，"网络"一词不完全指某种网络状的社会结构，更重要的是一种描述工具，即用于描述行动者之间相互联结的方法，行动者网络强调的是行动者之间的互动、流动，以及在互动中相互塑造并发生变化的过程。

行动者网络理论认为，行动者网络的组建要经历一个"转译"的过程。"转译"的过程是以兴趣和利益为出发点，通过招募和动员可以利用的资源，形成一个独特的行动者网络的过程[105]。拉图尔认为，转译是通过建构事实者对于自己兴趣或利益和所招募的人进行的一系列解释或协商来完成的。为完成这些解释或协商，非人行动者往往被用来作为解释的资源。转译是联结行动者的基本方法，在构建科学的行动者网络时，构建者通过转译使自身和被转译者一起构建成一个无缝的科学行动之网[106]。

卡龙将转译过程分为四个阶段：①问题化（problematization），使行动者彼此不可或缺，这包括相互界定行动者、明确"强制通行点"；②利害关系化（interessement），使整个联盟定位于共同的问题；③招募（enrollment），把行动者纳入网络，界定和协调角色；④动员（mobilization），使整个网络成为每个行动者的代言人[107-108]。

除转译概念外，还有描述行动者网络结构的简化与并置概念。理论上行动者是无限的，但实际上只有有限行动者的特性通过转译被界定，简化就是为了减少世界的复杂性。并置则是指将简化的行动者联结起来，合成不同种类的协调、连续、有结构的关系。简化与并置是一个双向且相互依存的过程。转译与它所引起的简化与并置一起，完整刻画了行动者世界的机制和行动者网络的结构[109]。

行动者网络是行动者彼此联结共同塑造的，但行动者网络并不始终是稳定的。当行动者之间的凝聚性好、转译顺畅时，网络稳定而强势；当行动者之间离心倾向明显，网络联结就受到影响，严重时会导致网络走向衰败和消亡。约翰·劳指出，行动者之间可以构建一个彼此结构化的箱体，确保行动者网络具有耐性、充满力量和忠诚度。因此，行动者网络在发展演进过程中，需要不断创造和加强行动者之间的联结，以确保网络的稳定性[110]。

事实上，每个行动者网络的构建都有其特殊性，借鉴拉图尔和卡龙等关于转译社会学或联结社会学的分析方法，本书试图构建中国国家科技奖评审的行动者网络。国家科技奖评审的行动者网络联结与国家科技奖推荐评审程序密切相关。我国国家科技三大奖均采用单位推荐为主、专家推荐为辅的推荐模式。单位推荐方式是由具有推荐资格的推荐单位（枢纽型行动者），每年按照国家奖励办（组织行动者）当年下达的推荐指标（非人行动者），限额推荐国家科技三大奖报奖项目。其中，推荐指标数是由国家奖励办根据每个推荐单位往年推荐项目的获奖情况动态微调，计算给出的。报奖人及报奖单位（重要行动者）完成的项目只有通过推荐单位（枢纽型行动者）的遴选，才能被正式确认推荐申报国家科技奖励。因是限额推荐（非人行动者），由报奖单位申报，推荐单位遴选推荐申报国家科技三大奖的数量相对稳定，如 2011—2017 年，年均在 900 多项。专家推荐作为辅助推荐方式，每年被推荐项目在几十项，推荐数不超过总数的 10%。

国家奖励办收到报奖项目推荐书材料（非人行动者）后，按照国家科技奖励形式审查相关要求（非人行动者）进行形式审查，相关要求如图 3.5～图 3.7 所示。没有通过形式审查的项目不能进入下一轮的评审环节[111]。

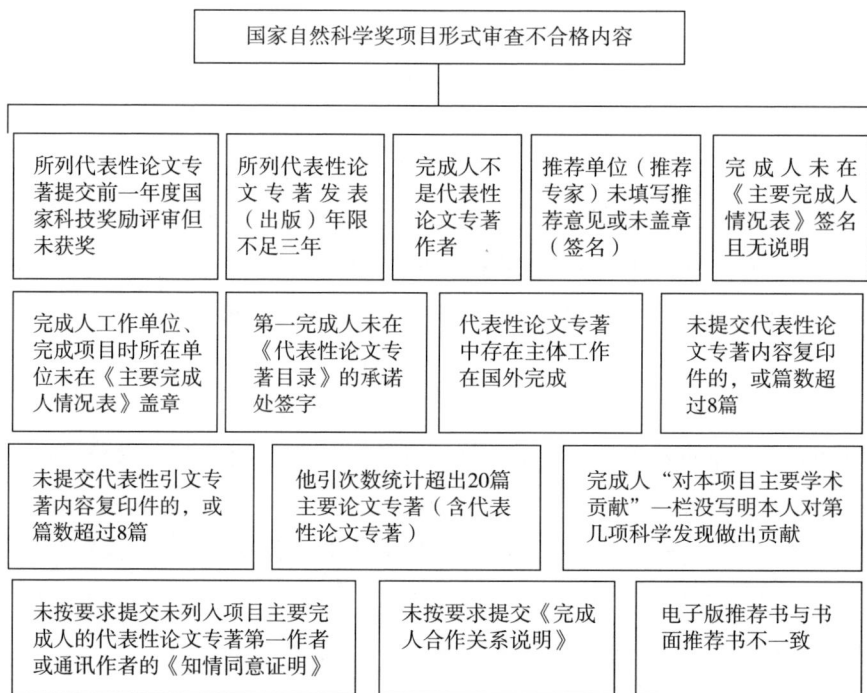

图 3.5　国家自然科学奖项目形式审查不合格内容

国家技术发明奖项目形式审查不合格内容

所列发明专利等知识产权提交前一年度国家科技奖励评审但未获奖

项目整体技术未应用或应用不足三年

按规定需要行政审批的项目，未提交相关部门审批证明的，或者行政审批时间未满三年

推荐单位（推荐专家）未填写推荐意见或未盖章（签名）

完成人未在《主要完成人情况表》签名且无说明

完成人工作单位、完成项目时所在单位未在《主要完成人情况表》盖章

第一完成人未在《主要知识产权证明目录》的承诺处签字

完成人未提交旁证材料证明本人贡献，前三位完成人不是授权发明专利的发明人

未提交核心知识产权有效证明材料

应用证明未加盖法人单位公章

完成人"对本项目技术创造性贡献"一栏没写明本人对第几项技术发明做出贡献及支持完成人贡献证明

未按要求提交《完成人合作关系说明》

电子版推荐书与书面推荐书不一致

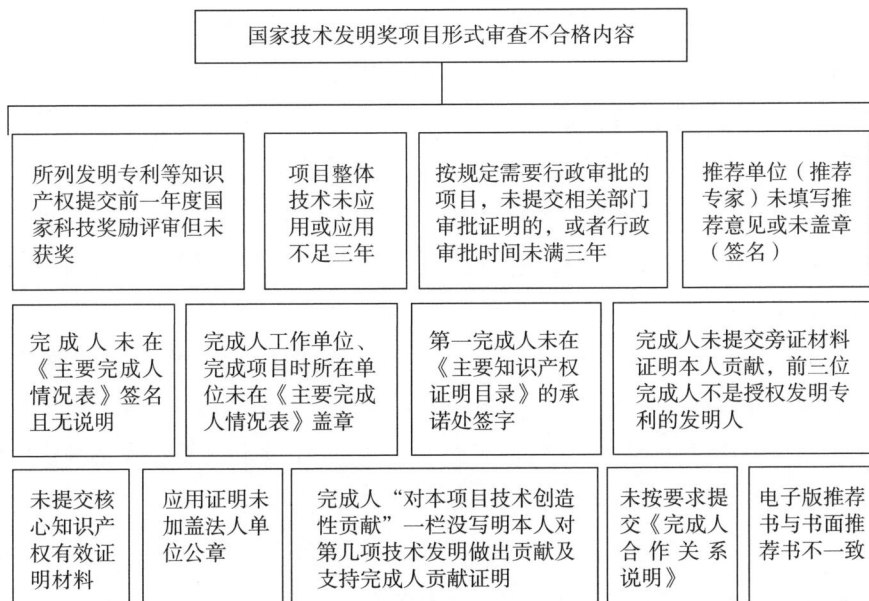

图 3.6　国家技术发明奖项目形式审查不合格内容

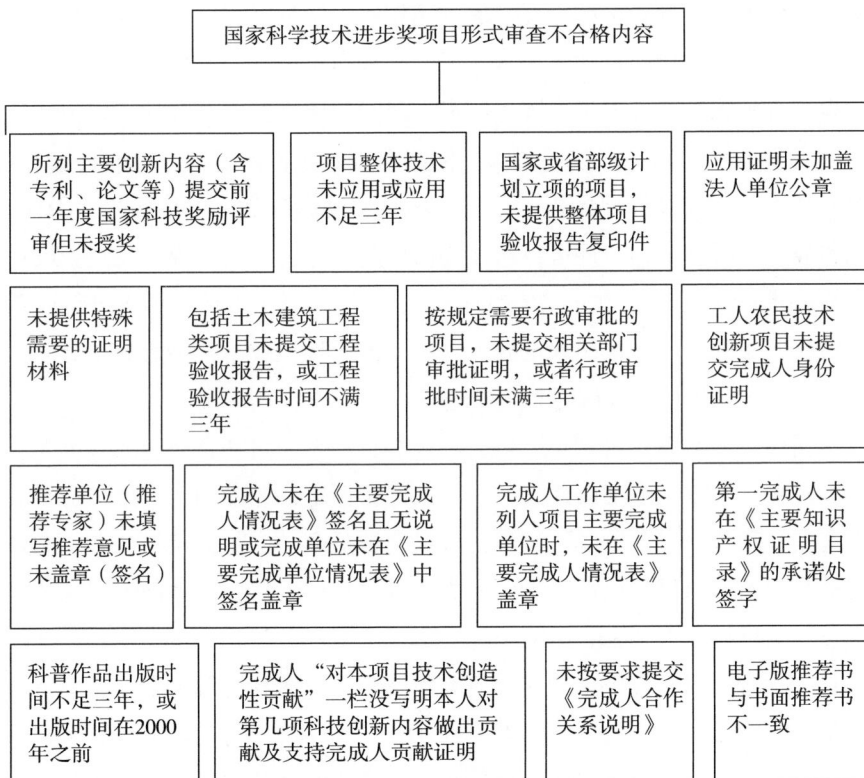

国家科学技术进步奖项目形式审查不合格内容

所列主要创新内容（含专利、论文等）提交前一年度国家科技奖励评审但未授奖

项目整体技术未应用或应用不足三年

国家或省部级计划立项的项目，未提供整体项目验收报告复印件

应用证明未加盖法人单位公章

未提供特殊需要的证明材料

包括土木建筑工程类项目未提交工程验收报告，或工程验收报告时间不满三年

按规定需要行政审批的项目，未提交相关部门审批证明，或者行政审批时间未满三年

工人农民技术创新项目未提交完成人身份证明

推荐单位（推荐专家）未填写推荐意见或未盖章（签名）

完成人未在《主要完成人情况表》签名且无说明或完成单位未在《主要完成单位情况表》中签名盖章

完成人工作单位未列入项目主要完成单位时，未在《主要完成人情况表》盖章

第一完成人未在《主要知识产权证明目录》的承诺处签字

科普作品出版时间不足三年，或出版时间在2000年之前

完成人"对本项目技术创造性贡献"一栏没写明本人对第几项科技创新内容做出贡献及支持完成人贡献证明

未按要求提交《完成人合作关系说明》

电子版推荐书与书面推荐书不一致

图 3.7　国家科技进步奖项目形式审查不合格内容

通过形式审查后，国家奖励办将正式受理项目材料在科技部和国家科技奖励工作办公室官方网站、中央电视台、科技日报等媒体（监察行动者）向全社会公示，接受媒体监督，受理并处理异议。

评审环节具体包括学科专业组初评（民口项目前置网络评审）、评审委员会评审、奖励委员会审定三大程序。评审专家（核心行动者）要根据国家科技奖各奖种的指标体系进行打分投票，评分高并且得票率达到规定要求的项目才能通过评审，进入后续程序。

在学科专业组初评环节中，民口通用项目需要前置一个网络评审程序[112]。收到邀请的网评专家在规定的时间内审阅报奖项目的推荐书。每位网评专家（核心行动者）根据评价指标体系（非人行动者）独立打分、投票评选他们支持授奖的报奖项目。学科专业组初评采用会议评审方式，对通过网评的项目进行评审。国家奖励办委托推荐单位通知通过网评的项目报奖人，送交多媒体演示材料（非人行动者），参加后续学科专业组的会议初评评审。国家奖励办工作人员需要在评审会上播放多媒体演示材料（非人行动者）来介绍各报奖项目情况。多媒体演示材料是由报奖人和报奖单位（重要行动者）精心准备的，用来在指定的时间内展示其积累多年的科研成果。评审专家（核心行动者）听完项目介绍后可向项目完成人提问、质疑，报奖人代表进行远程视频答辩，实现了评审专家和报奖人的双向互动。每位评审专家根据提问答辩的互动结果，参考评价指标体系（非人行动者），结合自己的判断打分、投票评选他们支持授奖的报奖项目。国家奖励办近年来坚持实行一天评审制，并建立了公众旁听制，即在评审组初评会议期间，邀请社会各界代表到会议现场旁听，增加评审透明度[113]。通过初评的项目在会议评审结束后，再次进行公示，接受媒体监督，受理异议并按照规定处理异议。国家科学技术奖励监督委员会（监察行动者）对推荐、评审和异议处理工作进行监督。

国家科学技术奖各奖种评审委员会（核心行动者）对初评通过的候选人和报奖项目采取视频答辩方式或书面评议方式再次进行评审，并向国家科技奖励委员会建议拟授奖项目和拟授奖者。国家科学技术奖励委员会（宏观决策行动者）对各奖种评审委员会的评审结果采取记名投票表决的方式完成审定，并做出国家科技奖最终获奖人选、项目和奖励等级的决议。

通过上述国家科技奖评审程序的研究以及对人类行动者非人行动者的辨析，我们进一步研究发现，在实行限额推荐制时（2018年前），国家科技奖的评审过程是通过限额推荐、推荐－申报、评审－确奖、争议与监督等主要环节，把各种行动者以不同的方式联结起来，并形成了复杂的行动者网络，如图 3.8 所示。可以说，中国国家科技奖的评审过程是科技奖励活动中评审程序最复杂、涉及人群最广泛的行动者网络之一。

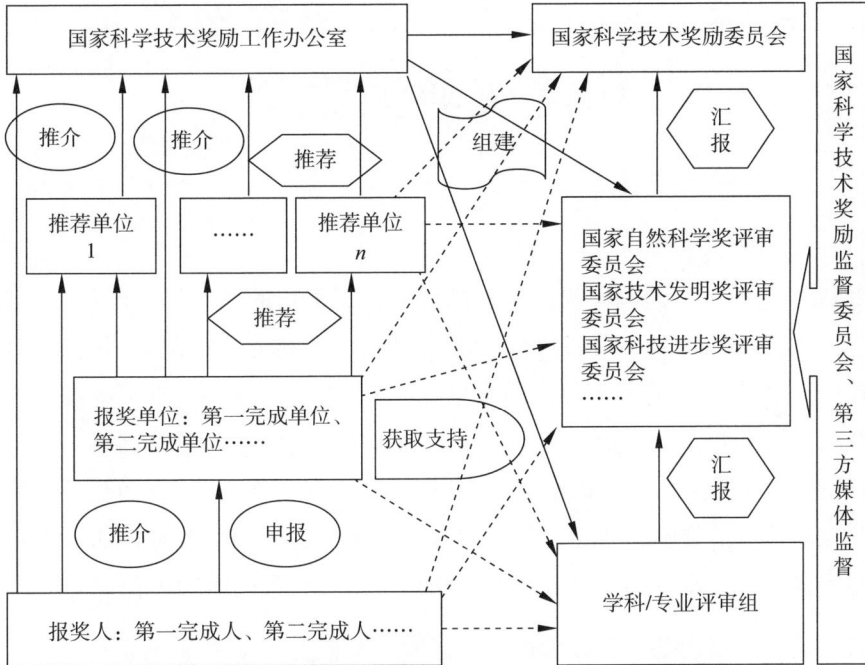

图 3.8　限额推荐制国家科技奖评审行动者网络中部分行动者关系图

第 4 章

国家科技奖评审行动者网络的
构建及典型案例

  2018 年之前，我国国家科技奖励的评审方式采用的是"限额推荐制"，根据《国家科学技术奖励条例》（1999 版）规定"推荐单位和个人限额推荐国家科学技术奖候选人"。具体操作方式则是，国家科技奖励工作办公室每年根据各推荐单位以往推荐项目的获奖情况动态计算出各奖种的推荐指标数，并下达给各推荐单位。各推荐单位根据国家科技三大奖的推荐指标限额推荐报奖项目。由此可见，在限额推荐制国家科技奖的评审过程中，国家科技奖励委员会成为最关键行动者之一，其目标是完成每年一度的国家科技奖励评审任务，在有限的时间内把好的项目评选出来。

  从国家科技奖的评审机制看，"限额推荐"事实上为可能获得国家科技奖的单位或个人设置了进入评审过程的限制性条件。行动者通过联结形成网络是有目的的，而不同行动者的目标往往存在冲突，这一方面为其他行动者进入网络设置了障碍，另一方面则促使其他的行动者通过联盟的方式发现通过障碍的方法。因此，新的行动者网络的形成往往以"问题化"为开端，并由此界定可能进入网络的行动者。在这个过程中，"问题化"通过设置"强制通行点"的方式来体现。所谓"强制通行点"，指的是各行动者（actors）在实现自身利益（interests）的过程中，仅依靠他们自己不能得到他们想要的东西，他们必须以打造（forge）联盟的方式才能够得以解决问题的限制性条件。在限额推荐制下，报奖人探索了多种路径，成功突破了"强制通行点"，顺利进入国家科技奖评审行动者网络体系。这一制度事实上强化了国家科技奖的权威性。

4.1 限额推荐："强制通行点"与权威性的强化

4.1.1 "限额推荐"与"强制通行点"

"限额推荐"为可能获得国家科技奖的单位或个人设置了进入评审过程的限制性条件。换言之，国家科技奖励工作办公室设定了进入当年国家科技奖评审行动者网络的"强制通行点"。报奖单位、报奖人等行动者必须依靠推荐单位的推荐才能联结到该网络之中。在此可以发现，作为"非人行动者"的国家科技奖励条例成为在一定时期规范、引导和影响科技奖励活动的重要因素。

同时，限额推荐实际上需要形成"推荐者－候选人（报奖人）"之间的联盟，才能够通过"强制通行点"，获得推荐指标，这是进入国家科技奖评审并争取获奖必须接受的前提条件。但实际上，条例中所列出的推荐单位，比如教育部、工信部、中国科学院，往往下辖多个大学或研究机构，很难具体了解所辖大学或科研机构的科研人员，下辖各大学或研究机构中的科研人员也往往难以直接和这些推荐单位进行对话。因此，大学或科研机构往往会成立专门的成果或奖励管理办公室，负责科研人员与推荐单位之间的沟通和对话，一些学会或协会也在这个过程中成为推荐单位行使推荐职能时的重要帮手，由此，这些大学或科研机构的成果或奖励管理办公室、学会或协会也成为该行动者网络中的重要行动者。在下面要分析的案例中，T 大学的成果管理办公室就扮演了非常重要的中介作用。

在"限额推荐"的约束下，推荐单位一般情况下也要考虑如何把最有竞争力的研究成果推荐到国家科技奖的评审网络中，因为最终获奖的多少也关乎推荐单位的声誉和未来的科技资源分配。每个推荐单位都有各自的推荐遴选办法，大部分推荐单位都设有各自管理的省部级科技奖励或社会力量（学会或协会）奖励，推荐单位（人类行动者）参考每年自设奖励的评审结果，遴选有竞争力的优秀项目推荐国家科技奖。但是，按照相关奖励办法管理规定，省部级科技奖不能重复申报。也就是说：一项成果，只能在部级和省级科技奖之间选其一进行申报。一般情况下，一项成果所属学科相对确定，因此也只能申报一项所属学科领域的学会／协会科技奖。若学会／协会奖励办法中规定，申报省部级科技奖的项目不能申报该学会／协会科技奖的话，那么省部级科技奖与学会／协会科技奖就只能择一申报。并且若是不能获得该奖项的高等级奖励（一般是一等奖），可能将面临既无法推荐国家科技奖，也无法再推荐其他部门科技奖的尴尬局面。因此，国家科技奖从某种程度上演变成了"信用叠加"的结果，而前期的信用的积攒很大成分还带有"压赌注"似的运气成分，需要报奖者自己进行利弊权衡，属实牵扯了许多精力，而且有可能与国家奖失之交臂。报奖人（人类行动者）经过多年攻关，完成了具有创新性的高水平科研成果，因各种考评制度和自我期望，具有申报国家科技奖的内在动力。在国家科技奖限额推荐的限制性约束下，报奖人要提前谋划通过哪个推荐单位推荐国家科技奖，才能通过"强制通行点"。

下面通过 T 大学两个研究团队如何谋求通过"强制通行点"的案例，具体分析国家科技奖励评审行动者网络的构成过程。

4.1.2　集中优势资源突破"强制通行点"

在召开国家科学技术奖励大会之前，国家科技奖励工作办公室会部署下一年度国家科学技术奖励推荐工作。根据限额推荐制原则，给各推荐单位下达国家科技奖励项目推荐指标，这就限定了当年报奖项目 / 报奖人的数量范围。教育部每年授予科学技术奖一等奖的优秀成果很多，而国家科技奖励工作办公室分配给教育部的推荐指标每年都不够用。因此，教育部委托高校科技奖评审会专家从获得过教育部一等奖项目成果中进行遴选。高校报选人想要获得国家科技奖，首先就需要获得教育部的推荐名额。

下面就来分析一下案例 1 中 T 大学某研究团队是如何获得教育部限额推荐资格的[①]。

T 大学 D 教授在国家"863"计划、国家自然科学基金及省部级项目等支持下，带领研究团队在立体视频重建与显示等应用基础理论和核心关键技术方面完成了多项发明创新，研制开发了系列装置和仪器，并建立了广东省和教育部联合支持的立体视频产学研基地，为立体视频技术产业化应用提供了重要支撑平台。2011 年该研究团队准备申报科技奖励，因此，团队负责人 D 教授到学校成果办咨询奖励管理人员该如何申报相关奖励。

成果办奖励管理人员认为，该研究团队的研究领域在信息技术领域，产业化基地在广东，可以考虑申报教育部科技奖。但报奖之前，要组织一次成果鉴定，请同行专家对技术创新内容进行评价。组织鉴定会也是与教育部奖励管理部门交流汇报成果的有效方式。D 教授觉得请教育部组织召开科技成果鉴定会是个很好的建议，

---

① 参与式观察 D 教授团队，时间跨度 15 个月，根据记录材料整理提炼而成，参见附录。

遂进一步咨询科技成果鉴定要准备哪些具体文件材料，做哪些准备工作。成果办奖励管理人员进一步解释说明："成果鉴定准备的材料在报奖中都能够用上。请科研团队着手进行前期材料准备，主要包括六个方面：一是整理项目研究团队申请专利的情况，并积极进行专利再布局；二是团队分头将已经申请并公开了的发明专利办理了专利加快审查申请，尽量及早获得授权；三是将开发的相应软件及时进行登记，获得计算机软件著作权登记证书；四是委托第三方机构进行项目创新点的查新，委托有权威资质的第三方机构进行产品检测／评测；五是协调相关应用单位开具相关应用证明；六是撰写经济效益分析报告。"然而，D 教授觉得要做这么多事情，准备这么多材料，申请教育部鉴定的时间有些来不及了，有些打退堂鼓。成果办奖励管理人员则劝解道："时间应该没问题。我们可以加急申请。成果鉴定会也是扩大你研究成果影响力的一种形式，让更多专家了解你项目成果的有效方式。"最终D 教授团队同意着手准备申请。在此过程中，成果办扮演了链接关键行动者的桥梁作用。

随后，在报教育部科技奖前，该项目成功召开了教育部组织的科技成果鉴定会。鉴定委员会委员查阅了相关鉴定材料，听取了 D 教授团队的现场报告，并在鉴定会上与 D 教授进行了充分的交流和讨论，最终给出的鉴定结论为：项目"针对立体视频产业发展的需求，在光场与立体视频的关键技术研究及应用方面取得了重要成果""总体上达到国际先进水平"，在"点云多视角视频序列的动态场景三维重建算法和运动矢量双向融合深度传播算法处于国际领先水平"。

最终，项目团队于 2011 年 8 月申报了教育部科技奖，经网络评审、专业组会议评审、奖励委员会审核，该项目获得教育部技术发明奖一等奖。鉴于 D 教授报奖项目推荐书材料翔实，同行认可度高，教育部科技奖评审会专家还达成一致意见，建议推荐 D 教授申报 2012 年国家技术发明奖。教育部管理人员因前期组织过 D 教授项目成果鉴定会，对该项目成果也有全面的了解，并根据评审会专家的建议，给予了该项目下年度国家技术发明奖的推荐名额。

从这个案例可以发现，项目成果因前期准备充分，在评审中获得了教育部技术发明奖一等奖，并得到了评审会专家一致推荐，这些都是 D 教授通过"强制通行点"关键支撑。评奖人在申报教育部科技奖时听从了富有报奖经验的学校成果办奖励管理人员的建议，准备了丰富且扎实的报奖材料，并在教育部报奖过程中进行了翔实的汇报，在教育部组织评奖的过程中留下了深刻影响。之后，教育部通过比较遴选，择优推荐 D 教授项目申报次年国家技术发明奖，从而使报奖人 D 教授通过了"强制通行点"，使其顺利进入国家科技奖评审行动者网络中。可见，推荐单位限额推荐国家科技奖项目的过程实际上也往往是报奖人主动与推荐单位沟通协商的过程。尽管在《国家科学技术奖励条例实施细则》中更强调推荐单位和推荐人的责任，同时明确指出，推荐单位或推荐人在推荐时"应当征得候选人和候选单位的同意"，但事实上，报奖人、报奖单位往往更为主动，集中优势资源，获得推荐者的关注，最终与其结盟完成行动者网络的构建。

4.1.3　多路径探索突破"强制通行点"

在接下来的案例 2 中，为了通过国家科技奖评审行动者网络的"强制通行点"，报奖团队进行了多路径探索，不断积累经验，创造条件实现突破，结成了网络联盟，获得了国家科技奖的推荐指标[①]。

T 大学 H1 教授研究团队在国家"973"计划、国家杰出青年基金、国家自然科学基金重点项目等项目资助下，系统深入地研究了可视媒体几何计算的理论与方法，发现了可视媒体内在的几何结构及其在多尺度变换下的几何不变机理，并基于上述发现提出了内嵌几何结构的新型计算模式，为可视媒体处理引入了符合视觉认知的计算智能，有效解决了可视媒体检索、识别、合成与版权保护中的系列难题。

2012 年，H1 教授找到学校成果办奖励管理人员讨论申报科技奖励事宜，请学校参谋申报什么科技奖合适。学校成果办奖励管理人员认为，若是基础研究成果，可以根据隶属关系，申报教育部的自然科学奖。并建议 H1 教授先梳理一下这些年发表的高水平 SCI 论文情况，同时也委托图书馆检索中心进行论文检索，统计一下论文的引用情况和 SCI 他引次数。两周后，H1 教授带着图书馆检索结果，又来与学校成果办奖励管理人员坦诚交流论文的他引情况。因计算机技术领域技术发展速度快，该领域成果多以国际会议论文形式发表，所以该研究团队发表的被 SCI 收录的论文并不多。10 篇代表论文他引次数约为 500 次。

学校成果办奖励管理人员认为，在计算机领域，10 篇 SCI 论文他引 500 多次已经很不错了，有一定的竞争力，建议申报教育部自然科学奖。因此，项目团队于 2012 年 8 月底，申报了教育部自然科学奖，经网络评审、专业组会议评审、奖励委员会审核，该项目获得教育部自然科学奖一等奖。但是，教育部专业组评审会专家由于指标限制、项目平衡，并没有推荐该项目申报 2013 年度国家自然科学奖。也

---

① 参与式观察 H1 教授团队，时间跨度 24 个月，根据记录材料整理提炼而成，参见附录。

就是说，该项目没有获得下年度推荐国家自然科学奖的指标。

2014 年初，项目负责人 H1 教授又专门与学校成果办奖励管理人员讨论其下年度国家自然科学奖的推荐渠道问题。学校成果办奖励管理人员建议："教育部科技奖设有直报项目类，这个类别不是为了评奖，而是评选出哪个项目推荐明年国家科技奖。您可以再组织一下项目材料，7 月份申报教育部这个直报项目类。"此外，学校成果办奖励管理人员还向 H1 教授介绍了电子学会科学技术奖的情况。2013 年，电子学会在设奖类型中增加了基础研究类，奖励在电子信息基础研究领域的优秀成果研究团队。并且规定电子学会奖与省部级科技奖不冲突。电子学会挂靠在工信部，工信部是国家科技奖的推荐单位，工信部每年都在获得电子学会奖科学技术奖的项目中遴选优秀成果推荐申报国家科技奖。因此，学校成果办奖励管理人员再次向 H1 教授建议："您的项目非常适合申报电子学会科学技术奖。建议您再认真凝练一下推荐书材料，更新一下成果论文相关数据。按照授奖标准，您获电子学会科技一等奖肯定没问题。"

H1 教授采纳了学校的建议。团队在推荐书中补充最新发表的 SCI 论文，并重新进行了论文检索，结果显示项目成果系列论文的他引次数提高了不少。项目团队认真准备了推荐书材料，申报了 2014 年度电子学会科学技术奖。通过中国电子学会组织的两轮评审会，该项目被评为 2014 年度中国电子学会科学技术奖（自然科学类）一等奖。

2014 年 11 月底，学校成果办奖励管理人员专门到电子学会，与相关奖励管理人员介绍 H1 教授的科研成果情况，争取推荐国家自然科学奖指标。电子学会奖励管理人员也认为，H1 教授的项目确实非常好，学会会积极推荐。但是工信部最后平衡推荐指标，还需要向工信部积极争取。学校成果办奖励管理人员又找到工信部向奖励管理人员了解当年推荐国家自然科学奖指标情况。工信部奖励管理人员反馈，2014 年国家科技奖励工作办公室给了工信部两个国家自然科学奖的推荐名额，部里会根据电子学会、通信学会、通信标准化学会等相关部门推荐上来的项目遴选。2014 年推荐上来的项目应该不会很多，H1 教授项目还是不错的。被推荐申报2015 年国家自然科学奖的希望很大。12 月初，电子学会反馈，工信部确定给 T 大学一个国家自然科学奖指标，推荐 H1 教授项目申报 2015 年国家自然科学奖。

在案例 2 中可以看出，报奖单位及报奖人团队（人类行动者），在限额推荐制（非人行动者）限定下，不断寻找适宜的推荐申报渠道。H1 教授研究团队首先选择了教育部作为未来推荐国家科技奖的推荐单位，申报了教育部自然科学奖，并获得了一等奖，受教育部指标限制，没获得推荐申报下一年度国家自然科学奖的名额。行动者网络中行动者相互之间是动态组合的，以寻求达到最优结果。推荐单位对报奖项目的遴选也是动态遴选的过程，往往由于推荐指标的限制无法推荐更多的优秀项目，并且不同报奖人之间还存在着推荐指标的竞争问题。

在学校成果办奖励管理人员的建议下，H1 教授申报了中国电子学会科学技术奖，并获得了自然科学类一等奖。报奖单位积极与推荐单位工信部沟通和推荐，工信部通过比较遴选，推荐了 H1 教授项目申报次年国家自然科学奖，从而使 H1 教授通过了"强制通行点"，进入国家科技奖评审行动者网络中。

4.1.4　限额推荐制中的权威性强化

在"限额推荐制"下，国家科技奖励办公室每年根据各推荐单位以往推荐项目的获奖情况，动态计算出各奖种的推荐指标数，然后下达给各推荐单位。各推荐单位在国家奖励办下达的三大奖的"限额"指标内首先进行单位内部遴选，然后确定向国家奖励办推荐的项目。从行动者网络的角度来看，设置了两个重要的"强制通行点"：一个是因为国家奖励办下达给推荐单位的"限额"指标，给推荐单位所造成的"强制通行点"，为可能获得国家科技奖励的单位或个人设置了进入评审过程的限制条件；另一个则是推荐单位按照"限额"给报奖人所设定的"强制通行点"。限额推荐制具有两个"强制通行点"的特征，无疑提高了进入评奖行动者网络的难度。同时，这种制度设计在本质上起到了强化国家科技奖的权威性的作用。为了在国家科技奖的竞争中获得优势，各推荐单位不约而同地倾向于把本部门或本系统最有竞争力的项目推荐上去，这种竞争优势也通常表现为已经获得比国家科技奖低一级的政府部门奖或学科领域奖，如上述两个案例中，两个研究团队因为已经获得教育部的一等奖，或者中国电子学会的一等奖，便在获得推荐资格（通过"强制通行点"）方面具有了竞争优势。这种情况，本质上是一种信用叠加或权威强化，较之一般意义上的优势积累现象，是更为突出的马太效应。因为这种优势积累或信用叠加发生在一个纵向层级体系之中，而不是一种横向的网络系统之中，便使得国家科技奖成为累积了各层级信用和权威的"最高"竞争场域。国家科技奖因"限额推荐"而形成了这种权威强化机制，给科技奖励本身带来了复杂的后果。某种程度上，并不利于实现通过科技奖励调动科学技术工作者的积极性和创造性的制度初衷。对此，可以从行动者网络理论的角度来进一步分析"限额推荐"制下的国家科技奖励的后续评审过程。

4.2　推荐与申报：招募同盟者与构建竞争优势

获得推荐资格是进入国家科技奖评审行动者网络的关键性节点。但事实上，为通过"强制通行点"并最终实现获得高等级奖励的共同目标而结成的"联盟"，在通过"强制通行点"后仍然需要进一步扩展，在这个过程中，招募同盟者，构建和扩大竞争优势往往成为一个基本的策略，也成为进一步构建行动者网络的重要环节。从推荐、申报、评审和监督等环节入手，结合多个推荐申报国家科技奖的案例，以及对报奖和评审的参与式观察，探讨中国国家科技奖评审行动者网络构建的过程及其特点，具体阐述报奖人、报奖单位、推荐单位、奖励组织管理单位、评审专家之间"在行动中"的相互关系和互动过程，探究中国政府主导的科技奖励体系中，国家科技奖始终具有很高的权威性的根源。

4.2.1　推荐者与申报者的"合谋"

在"推荐 - 申报制"行动者网络中，为了获得"上一级"推荐单位的认可，报奖人与报奖单位结成了利益共同体，他们不但会仔细研究国家科技奖的"评审标准"，更会细致研究如何通过推荐单位的"强制通行点"，这是进入国家奖评奖网络的第一道关卡。为此，大部分报奖单位设置了专门的奖励管理机构，协助报奖人申报各类省部级科技奖励或社会力量（学会或协会）奖励。

按《国家科学技术奖励条例实施细则》，推荐者（推荐单位或个人）需按要求如实填报推荐书，对候选人（报奖人）或候选单位（报奖单位）而言，只要同意推荐者推荐报奖的建议即可。填报推荐书似乎是推荐者的责任，报奖人作为候选者，似乎是被动地接受推荐及评审。但事实上并非如此。在国家科技奖限额推荐的限制性约束下，"报奖人 - 报奖单位"同盟会反复斟酌，与哪个"推荐单位"结成联盟，才更有希望通过"强制通行点"。如在上文中指出的，推荐的过程也是报奖者（报奖人和报奖单位）与推荐者（推荐单位或个人）积极互动并相互联结的过程，报奖者往往具有自发的积极性和主动性，在获得推荐指标之后，这种积极性、主动性更为突出。

事实上，要求推荐者独立填写项目推荐书，几乎是不可能的。一方面，推荐书所涉及的复杂细节往往是推荐者并不知悉的，另一方面，推荐单位科技主管部门负责该部门的推荐工作，但他们往往可能并不是科技领域的专家，对应该如何推荐未必有确当的意见，在这种情况下，一种办法是委托更专业的人员或机构（如学会）

代为推荐，但在推荐量大、填报任务复杂的情况下，这种委托代理需要很高的成本；另一种办法就是请获得推荐指标的报奖者自行填报，由推荐单位最终审核项目推荐书材料，填写推荐意见。现实的情况是，推荐单位往往采取的是第二种办法。这实际上为报奖人或报奖单位介入推荐的具体过程，甚至左右推荐意见提供了可能。这也在一定意义上，使推荐制实际上演化为推荐－申报制。

因此，获得国家科技奖推荐指标后，报奖人需要根据相关要求撰写项目推荐书（非人行动者）、准备相关旁证支撑材料（非人行动者）。项目推荐书是由报奖人团队深思熟虑、反复推敲、精心准备的文书材料。项目推荐书记录了报奖人团队的科学发现、发明创造或科技创新，其中推荐意见栏目中的推荐意见正是推荐单位代言报奖人获奖利益诉求的表达。

在报奖人和推荐者共同填报推荐书的过程中，一个极其重要的"非人行动者"是各种奖项的评审标准，即评价指标及其权重，成为招募同盟军和网络新的行动者的依据，影响着填报推荐书过程中的网络联结。具体包括：进一步招募同盟军，形成新的利益关系，对行动者的角色进行重新界定，调动可能的参与者的新的兴趣，对行动者之间的利益关系和利益分配方式做出新的解释，上述过程正是拉图尔和卡龙所指出的"转译"程序，是行动者网络扩展的关键环节。评价指标及其权重设定在很大程度上决定了科研团队的创新目标导向及其对取得成果方面的表达方式。无论是"招募"同盟者，还是重新解释利益关系，其目的都在于构建竞争优势，形成行动者网络动态发展的重要特征。下文通过两个案例来介绍报奖人如何招募同盟者以塑造更有竞争力的推荐－申报项目的过程。

4.2.2　引入新资源构建竞争优势

下述案例 3 分析了"推荐－申报制"下，报奖者是如何招募新的行动者，使其更好地满足评审标准[①]。

T 大学的 D 教授项目团队非常重视国家技术发明奖申报工作，组织了多次集体讨论，确定推荐书的主要技术发明点，深层次讨论技术发明内容的细节和准确的描述方法，分解撰写内容，筛选合适的知识产权证明材料，收集国内外同类技术的主要参数、效益及市场竞争力数据，布置应用证明的开具工作。

在项目研究团队填报国家技术发明奖推荐书时，发现推荐书中要填写直接经济

---

① 参与式观察 D 教授团队，时间跨度 15 个月，根据记录材料整理提炼而成，参见附录。

效益栏目表格的销售、利润、税收等数据，并且需要有项目完成单位财务部门核准出具的财务证明。而作为报奖项目的六位完成人的完成单位都是 T 大学，大学是没有销售额、利润和税收的数据的。

因此 D 教授咨询学校成果办奖励管理人员该如何填写直接经济效益栏目中的新增销售额、新增利润、新增税收三列数据。学校成果办奖励管理人员的解释也很明确：如果完成单位只是 T 大学，那么 T 大学没有销售额，所以项目的直接经济效益是 0。虽然该项目成果已转化到企业，但由企业产生的效益无法填入直接经济效益栏目中，只能算作间接经济效益。

D 教授发现在国家技术发明奖的评价指标体系中，项目成果获得经济效益是一项重要的考核指标。若他们项目推荐书中直接经济效益填写 0，专家很可能在该指标上打出低分。学校成果办奖励管理人员觉得 D 教授的分析非常有道理。建议将成果转化合作企业的技术人员吸收为项目完成人，成果转化合作企业就成为完成单位，由此间接经济效益就可以转换为直接经济效益。

D 教授与两家重点合作研究单位的相关负责人进行了充分的交流，邀请了参与合作研究并做出重要贡献的两个完成人作为报奖项目完成人。同时将报奖项目名称"立体视频获取与重建技术及装置"更改为"立体视频重建与显示技术及装置"，扩大了项目内涵，增加了项目内容。

对报奖项目内容也进行了补充、更新和调整。本来，项目原有的技术发明点有三个：①该项目突破了对象周期运动的限制，创建了光场采集与重建平台，发明了光度立体多视角配准方法，实现了未知光照下自由运动对象立体重建技术。因为重建精度误差小于 0.3mm，该技术发明在国际权威机构评测中精度排名第一。②针对复杂对象任意运动任意视角的立体视频合成问题，发明了间插耦合曝光的相机阵列视频采集方法（使视频采集的时间分辨率提升了 2 个数量级），发明了基于纹理驱动运动跟踪的复杂对象运动映射技术，率先攻克了运动映射的任意视角合成的立体视频重建难题。③针对平面视频立体转换问题，发明了透视几何、遮挡关系、聚焦散焦等融合的深度计算方法，发明了稀疏光流跟踪的视频深度传播立体重建方法，平均视差超标比例小于 0.16%，突破了立体视频片源匮乏的技术瓶颈。

为了报奖要求，增加了第 4 个技术发明点：针对立体视频的宽视场裸眼立体显示问题，发明了微透镜阵列光栅的视点自适应立体成像技术，攻克了透镜阵列与面板成像单元组之间的莫尔纹干涉难题，发明了双折射组合透镜光学器件结构，率先提出了像素级偏振光驱动的平面与立体共屏显示技术。

项目团队补充收集了相关企业产品的第三方评测报告，相关用户单位的应用报告，以及应用单位的效益证明。整个项目成果近三年新增销售额累计4.99亿元，新增利润2.63亿元。项目申请教育部组织专家进行成果鉴定，鉴定委员会认为：项目在"立体视频技术的芯片与软件已在国内外三维显示相关产品中获得应用，取得了良好的经济与社会效益，对于推动3D产业发展起到了积极的作用""平面视频转立体视频技术、无莫尔纹裸眼立体显示技术等处于国际领先水平"。

在案例3中，D教授（人类行动者）根据国家技术发明奖评价指标（非人行动者）要求，招募了合作研究企业的研究人员作为同盟行动者一起申报，目的是整合合作研究企业（人类行动者）的相关资源，强化其评奖过程中的竞争优势。因引入了同盟者，项目推荐书主要发明内容部分的文字描述需要进行重新阐释，补充产品经济效益的内容。同时，因为发明内容做出了调整，需要提供相应的证明材料，作为附件证明的支撑材料。由此可以看出，国家科技奖的评价指标体系在很大程度上影响了科研团队的创新目标导向及其在成果展示方面的描述方式。

4.2.3　联合同类行动者组建同盟

在下述案例4中，侧重解析报奖者如何联合同类报奖者组建同盟，共同塑造竞争优势[①]。

T大学P教授带领团队研究的"电动车燃料电池长寿命应用基础研究"成果获2010年北京市科学技术奖（自然科学类）一等奖。M教授带领团队研究的"掺氢燃料内燃机燃烧、排放基础研究"成果获2011年北京市科学技术奖（自然科学类）一等奖，P教授也是该项目的第五完成人。

"电动车燃料电池长寿命应用基础研究"成果围绕车用燃料电池使用寿命，开展了定寿方法、故障诊断、老化机理、延寿机制等理论和技术研究，主要创新成果包括：首次提出了燃料电池使用寿命预测计算公式，发明了快速评定燃料电池寿命的方法；发现了工作中氢气压力降与工作电流及工况等参数的函数关系规律；通过钉示踪方法首次发现了催化剂从膜电极阳极迁移到阴极的现象，并解释了老化膜质子传导率下降、氢气渗透率增加的原因；发现微电流怠速运行对燃料电池性能具有恢复功能，以及"停机后快速放电"能够消除停机对燃料电池寿命的影响等。

---

① 参与式观察P教授团队，时间跨度28个月，根据记录材料整理提炼而成，参见附录；参与式观察M教授团队，时间跨度16个月，根据记录材料整理提炼而成，参见附录。

"掺氢燃料内燃机燃烧、排放基础研究"的主要创新成果包括：发现了不同掺氢比的氢气/天然气混合燃料（简称 HCNG）内燃机热效率和排放的变化规律及其影响机理；发现了不同掺氢比条件下 HCNG 内燃机稀燃极限和循环变动的变化规律及其影响机理；率先提出并建立了 HCNG 内燃机准维卷吸燃烧模型；发现了汽油掺氢内燃机热效率和排放的变化规律及其影响机理；提出了汽油掺氢混合燃料内燃机的"燃料与工况协同控制"理论等。

2011 年年底，P 教授获得北京市科技奖励工作办公室给予的推荐 2012 年国家自然科学奖的推荐指标。根据国家自然科学奖评价指标体系，20 篇代表论著的 SCI 他引情况是很重要的评价指标，而 P 教授项目成果 SCI 他引次数不高。因此，P 教授与 M 教授商议将两个北京市科技一等奖项目材料进行整合，共同申报国家自然科学奖，新项目题目初定为"氢能汽车燃料电池长寿应用与内燃机烧氢控制的基础研究"。这样研究成果科学发现内容的文字描述也相应包含了两部分内容。

在项目推荐书材料准备期间，P 教授向学校成果办奖励管理人员询问将两个相关性大的项目成果整合起来一起申报国家自然科学奖是否符合相关要求。学校成果办奖励管理人员回复，因为在报奖项目中的部分代表论文是 P 教授和 M 教授共同发表的，从报奖规定上看两位教授共同报奖没有问题。但项目成果的名称"氢能汽车燃料电池长寿应用与内燃机烧氢控制的基础研究"中的'与'字，明显地将成果表述为两部分内容，有拼凑的嫌疑，建议项目组再仔细斟酌一下。

P 教授和 M 教授经过商议，将项目名称调整为"汽车氢能动力源工作过程优化的基础研究"，并在推荐书正文中进一步整合凝练两方面成果。新整合后项目的主要发现点在于：①首次发现燃料电池寿命与使用工况及空气质量间的量化关系，揭示了多物理场对燃料电池寿命影响叠加机制，创建了快速定寿方法；开发了首例在实验室模拟整车条件的大功率燃料电池测试平台。②首次发现微电流工作对燃料电池有恢复作用，提出了电流电压对燃料电池寿命的联合作用机制概念，指出了停机后快速放电可消减启停对寿命的影响，破除了"双电池效应"迷信；发现催化剂迁移现象，揭示了燃料电池寿命后期快速老化机理。研究成果为合理使用燃料电池提供了科学指导，实例证明能把燃料电池寿命从 1100h 提升到 2600h。③发现压力降可预警水淹，研究出用作判据的氢压力降精确公式，建立了燃料电池故障诊断自愈原理和实现方法，自愈系统可无人值守。④氢燃料燃烧理论与氢内燃机异常燃烧机理。研究出达姆克勒 S 曲线上着火温度和闪点的通解，得到了氢气着火延迟时间计算式，提出了掺氢燃料的层流和湍流燃烧速度计算法；研究得到内燃机多参数对氢燃烧特性，较全面地揭示了氢内燃机异常燃烧机理。

评价指标（非人行动者）给出了各奖种的评价标准，向报奖人和报奖单位指明了阐述自身优势的方向。如何在国家科技奖励评审过程中获得竞争优势？报奖人可能会采用打包方式获得竞争优势。在案例 4 中，两个项目研究团队的研究方向比较接近，但单独申报可能不具备竞争取得国家自然科学奖的实力。为了能够在奖励评审过程中获得竞争优势，两个研究团队将研究成果整合在一起，以增加整体成果的"分量"。报奖者引起合作的兴趣，招募了新的同盟者，共同申报国家自然科学奖，发展了行动者网络。反过来看，国家科技奖评审行动者网络的建立过程也塑造了行动者的行为方式。

4.2.4 反思"推荐－申报制"带来的问题

从推荐与申报的过程看，由于国家科技奖的推荐制实质上演化为推荐－申报制，这为报奖者（个人或单位）留下了较大的操作空间，导致连续报奖、重复报奖等情况。同时，在比较复杂和多样化的评审标准引导下，也出现了打包拼凑报奖等情况。在案例 4 中，报奖者 P 教授和 M 教授原有合作事实，并在相关研究中共同发表了相关研究成果，这种情况可以有两方面的理解，一方面是理解为通过报奖活动，进一步发掘了两者研究之间的关联，可以为以后进一步的合作提供契机，也可以被认为有拼凑的嫌疑，这取决于如何梳理以往工作之间的关联，以及以后是否能够展开进一步的合作。但更值得关注的是，一些从来没有合作基础，以后可能也不再合作的研究项目，为了共同获得国家科技奖，有可能临时拼凑在一起，实际上是对达成遴选优秀项目这一目标的一种挑战。同时值得注意的是，这种临时拼凑的报奖联盟既存在较大的沟通协调成本，也可能因为利益关系导致排名先后的纠纷，这在一定意义上会导致学术共同体良好的研究规范和学术生态受到冲击。

这种情况的发生也有另一个需要高度重视的原因，即报奖单位在推荐－申报过程中具有较大的影响力，一些具有行政领导职务或较大社会运作能力的报奖人，会对推荐－申报过程中行动者网络的形成施加较大的影响，并因此在推荐－申报过程中谋求较大的个人利益。这些问题将在对中国国家科技奖励制度的反思中进一步展开讨论。

4.3 评审与监督：动员代言人与利益最大化

行动者网络理论认为，行动者网络的组建要经历一个"转译"的过程。"转译"的过程是以兴趣和利益为出发点，通过招募和动员可以利用的资源，形成一个独特的行动者网络的过程。拉图尔认为，转译是通过建构事实者对于自己兴趣或利益和所招募的人进行的一系列解释或协商来完成的。为完成这些解释或协商，不仅人类行动者被动员起来，而且非人行动者往往被用来作为解释的资源。项目推荐并经过形式审查等环节后，将进入评审环节。事实上，在正式评审之前，评审专家的招募和动员就已经展开，而且成为国家科技奖评审行动者网络构建的重要方面。

4.3.1 "招募"与"代言"的博弈

在招募行动者方面，"报奖人"和"评审机构"之间存在着博弈。评审机构需要有"代言人"来参与博弈，评审专家扮演了代言人的角色。评审专家组的构成往往能够较好地说明其"代言"的使命，即如何代表国家把最好的成果评选出来。在正式评审开始之前，国家科技奖励工作办公室会招募和动员评审专家，这是国家科技奖行动者网络扩展过程中非常重要的环节。按照《国家科学技术奖励条例》规定，国家科学技术奖委员会聘请各奖种评审委员会委员，分别负责各奖种的评审工作，在规定时间内完成评审活动，并向国家科学技术奖励委员会报告评审结果，对评审中出现的问题进行处理。

各奖种评审委员会下设多个学科或领域评审组，各评审组包括多名评审专家。评审专家遴选的原则和要求是：具有高级专业技术职称或相当职务，熟悉本学科（专业）领域国内外科学技术发展动态，有较强的综合判断能力，公平公正，责任心强，年龄一般在 70 岁以下。为更好地形成评审专家组，国家奖励办还根据上述条件和推荐单位的推荐，建立了国家科技奖的评审专家库。为避免人为因素干预或提高效率，根据待评审项目的学科专业情况，国家奖励办采用计算机随机遴选匹配专家库中相关学科的专家，并通过网络平台短信，邀请专家参加国家科技奖的评审工作。

评审委员会的形成过程是国家科学技术奖励委员会招募和动员代言人的过程。评审专家组的构成往往能够较好地说明这种"代言"的使命，即如何代表国家把最好的成果评选出来。一般来说，评审专家组的组长或副组长往往由政府部门熟悉学科发展的相关领导，以及具有比较公正的立场、全局意识和较高学术评判能力的专家担任，他们对于国家科技奖励政策与要求、科学技术发展的趋向等往往具有更加宏观的理解和把握，在评审过程中，若他们表达了对某些领域项目成果的看法，则会较大程度地影响其他与会专家的判断。比较而言，学科专业评审组中的小同行专家更熟悉本行业内的报奖项目情况，他们的评价、推荐往往被作为其他行业专家做出最终判断的参考基础。这种专家组设计的惯例，在一定意义上考虑到了如何让评审组更好地贯彻落实国家科技奖的评审目标，让评审专家组真正为国家"代言"。当然，评审专家在评价报奖成果时，有维护自身的文化传统和职业利益的倾向，也会产生基于利益考虑的磋商和妥协 [114]。

与此同时，作为候选者的报奖人、报奖单位等也在寻找和动员自己的代言人。报奖人或报奖单位会通过各种渠道了解评审专家组的信息，并以各种方式联系评审专家，让其更加了解熟悉报奖项目研究内容和进展情况，并请评审专家关照相关报奖项目，为其项目代言。

在陈惠湘编著的《联想为什么》一书中，记载了"联想式汉卡"项目评奖过程。该项目在专业组初评阶段，被评为二等奖。但联想公司认为自己的产品在国民经济的应用中具有重大意义，在国际上也有重要影响，不满意这个初评结果。于是联想公司就成立了一个专门的工作小组，组长由郭为担任。他们带着产品，带着全部技术资料，挨家挨户给所有的评委讲解演示和详细说明 [115]。联想公司的努力没有白费，成功动员了参加复评的评审专家，得到了他们的认可和支持，最终获得了国家科技进步奖一等奖。在评奖过程中出现的打招呼、走关系、对评审专家进行游说的现象，实际上就是报奖人或报奖单位寻找并动员代言人的种种表现。

因此，国家科学技术奖励委员会招募和动员代言人，与报奖人、报奖单位寻找和发动代言人之间形成了一种非对称的博弈。一方面努力维护或践行国家科技奖励条例的相关规定，另一方面则企图破坏或背离之，一些报奖人与评审专家之间甚至形成了秘密的同谋关系。针对包括这种情况在内的违背规则的行为，国家科学技术奖励委员会成立了科学技术奖励监督委员会，负责对国家科技奖的推荐、评审、授奖和异议处理等各个环节工作的监督，对举报反映问题的核查进行督促检查。同时，在评审过程中及评审结果产生之后，设置了公示环节，并进行监督和查处。

值得注意的是，除这种以遵循或违背规则为特征的行为之外，寻找、动员代言人的活动还存在其他符合规则且有效的方式。事实上，报奖的过程在一定意义上是在重新认识以往的研究、以新的方式挖掘其意义，并在此过程中寻找恰当的表达，进而在评审的过程中通过征服评委而扩大代言人网络。

下面先介绍两个如何通过重新发现研究成果的价值而扩展代言人网络的案例，然后分析两个违背评审规则"招募"或"动员"代言者并最终被举报和查处的案例。

4.3.2 通过发掘内在价值招募"代言者"

在下述的案例 5 中，研究通过重新认识研究工作的价值而发现和动员代言人的方式[①]。

国家科学技术进步奖自 2012 年起增设创新团队奖励，每年奖励数量不超过 3 个。国家科学技术进步奖（创新团队）授予以学科带头人为核心，以团队协作为基础，依托一定的科研平台，围绕一个学科、领域或某个研究方向，进行长期合作研究与开发，取得重大原创性成果并具备持续创新能力，得到同行公认的科研群体。创新团队奖励不分等级。

T 大学工程物理系从 20 世纪 90 年代开始，组织教师致力于辐射成像检测理论、方法和技术研究，并于 1995 年开始汇集组建"辐射成像创新团队"，至今已有 49 名学者。该团队一直以国家安全重大需求为己任，攻克了辐射成像科学与技术难题，研制出了加速器辐射源移动式集装箱检查系统，发明了大型装备缺陷辐射检测技术，为国家解决打私、大型装备检测、反恐等重大问题提供了高科技手段；形成的系列产品出口到全世界 120 多个国家或地区，主导制定了国际标准，成为"中国创造"的典型。团队实行独创的《收入评价量化管理办法——KGC 量化体系》制度，即实施科研经费统一管理、统筹调控；以团队成员付出和贡献为依据，制定核算标准，合理分配津贴和酬金。KGC 量化体系就是对团队成员在教学、科研、管理等方面的贡献进行量化评价。科研工作评分以个人承担的所管项目为依据，根据项目的重要性、紧迫性、学科覆盖面、技术难度及进展情况，确定每个项目的 KGC 分及其参与人员的 KGC 分。教学工作方面：根据工程物理系"系管教学"原则，教学工作的量化评价及奖酬系里已经有具体的操作办法。核技术研究所的教学工作量化评价是在工程物理系教学评价系统的基础上的补充。教学工作由三部分组成：讲授本科生课程、讲授研究生课程以及指导学生。管理工作包括核技术研究所相关管理职位、系相关管理职位、学校相关管理职位，经批准委派到相关企业的兼职，以及在相关社会学术机构的学术兼职。KGC 考核分值由所务会讨论决定，并定期更新。

---

① 参与式观察 K 教授团队，时间跨度 9 个月，根据记录材料整理提炼而成，参见附录。

团队坚持把顶天的学术探索与立地的转化应用相结合，着力为国家经济建设做出实际贡献。团队倡导集体创新，形成了先进的文化创新理念，成功实践了"带土移植、回报苗圃"等体制机制。

该团队被北京市推荐申报 2013 年度国家科技进步奖（创新团队），并被网络评审专家推荐进入会议评审环节。在准备会评答辩用多媒体演示材料的前期会议中，团队骨干教师与学校成果办奖励管理人员交流了进入会议评审环节的其他单位候选团队情况。团队骨干教师通过研究进入会议评审环节的其他七个报奖团队报奖材料发现：一个报奖团队的三位带头人均为院士，三个报奖团队的带头人中有两位是院士，三个报奖团队的带头人中有一位是院士。只有他们报奖团队的三位带头人都不是院士。

学校成果办奖励管理人员认为：从这个角度看，工程物理系团队带头人在学术界影响力方面不具优势。但团队在团队运行机制和组织管理模式方面具有显著的独特性，因此团队的多媒体演示材料 PPT 要将保障团队理念传承以及创新活力的 KGC 量化体系作为团队特色进行重点介绍。

团队相关参会老师认为这是一个很重要的思路，并进一步调整了 PPT 阐述重点。完善 PPT 后，邀请相关领域的专家听取 PPT 介绍。专家听完 PPT 介绍后，认为："带土移植、回报苗圃"的高科技成果转化模式和《收入评价量化管理办法——KGC 量化体系》内部管理机制，在中国大学中具有典型的示范作用，意义重大，在 PPT 中还要深入阐述。

团队经过反复斟酌，决定在多媒体演示材料最后一页加入总结陈述：在大学里，学者们就像一颗颗珍珠，散落在不同的专业。一直以来，在大学里建设硬团队，是相当困难的事情。而我们承担的重大科研任务要求必须把一堆珍珠穿连成一条完整有序的项链。我们有三条丝线：第一条丝线是针对国家安全重大需求，研发辐射成像大系统的客观需要，把学者们联系在一起；第二条丝线是先进的文化理念，形成了凝聚团队的精神支柱；第三条丝线是创新的体制机制，使我们能够更加高效地开展各项重大创新活动。

在国家科技进步奖（创新团队）评审组的正式会评答辩上，专家评委对该团队印象深刻，给予了很高评价，认为：虽然该团队没有院士牵头，但是做出的研究成果达到了国际领先水平，孵化的成果产品占领了国际市场，解决了国内的重大需求，并具有独特的团队理念和凝聚机制，值得奖励并宣传推广。

通过创新团队评审组评审后，国家科技奖励工作办公室组织若干评审委员会委员实地现场考察创新团队的实验室。考察专家组一致认为：该团队坚持以满足国家重大需求为使命，坚持走集体创新的道路，坚持把顶天的学术探索与立地的转化应用密切结合，坚持让青年学者在战场上锻炼成长，培养了一大批拔尖优秀科技人才，形成了一支学科方向有机融合、队伍梯次合理、在全球学术界与产业界有影响力的创新群体。该团队建设的成功经验在中国具有重要的借鉴和推广价值。团队形成了"服务国家，追求卓越，集体创新，群狼胜虎，顶天立地，战场树人，带土移植，回报苗圃，产生效益，造福民众"的文化理念，建立了高效运作、健康发展的资源管理和考核激励体系，形成了产学研长期合作的协同创新平台，为团队的持续创新发展提供了有力支撑。

最终，经过国家科技进步奖评审委员会 30 多位专家的评审、奖励委员会 20 多位专家的审定、科技部的审核、国务院的批准，该团队获得 2013 年度国家科技进步奖（创新团队）。这是获得该奖项的第一支来自高校的创新团队。

案例 5 中，国家科技进步奖（创新团队）的评价指标是非常关键的非人行动者，它给出了该项奖励的评价标准，一方面向评审专家说明了评价项目的具体要求，另一方面也向报奖人和报奖单位指明了阐述自身优势的方向。国家科技进步奖的创新团队类与科技进步奖的其他类不同之处在于：该奖项的评价指标要考察团队的人才培养模式，团队协作合作能力、创新氛围，以及团队运行机制和组织管理模式。同时还要考察团队承担重大科研任务的能力以及对未来发展的战略规划等方面。

报奖人及报奖单位（人类行动者）通过多媒体演示材料 PPT（非人行动者），在报奖团队的运行机制和组织管理模式方面浓墨重彩，突出展示团队的特色之处。通过观看多媒体演示材料 PPT，评审专家对报奖团队的"带土移植、回报苗圃"的高科技成果转化模式和《收入评价量化管理办法——KGC 量化体系》组织管理机制产生了深刻的印象。多媒体演示材料 PPT 成功打动了诸多评审专家，使得他们成为支持项目获奖的支持者和代言人，最终该团队获得了国家科技进步奖。

由于评审专家组中不同专业方向的评审专家熟悉的专业领域有差异，一般来说，国家科技奖的评审专家更熟悉与他们自己相同学科专业方向的研究成果，他们与相同学科专业方向的学者交流更多。评审专家在听取报奖项目情况介绍时，其兴趣点、质疑点均有所不同。如何引起评审专家的兴趣，使评审专家成为自己的支持者和代言人？多媒体演示材料（非人行动者）显得尤为重要。它是报奖人深思熟虑、反复推敲、精心准备出来的。多媒体演示材料通过形象生动的演示介绍，可以有效地减少相互间的信息不对称。由此也可以看出，寻找和动员代言人，需要以恰当的方式进行宣传、传播，进而达到说服并获得支持的目的。

4.3.3 促进达成共识扩展"代言者"

在下述的案例 6 中，解析通过精彩的多媒体演示展现项目的价值而扩展代言人的方式[①]。

T 大学 H2 教授在国家"863"计划、国家"973"计划课题等项目支持下，带领研究团队通过大量排放特征测试、模型模拟和平台开发，开展大气污染源排放清单关键技术与应用研究。H2 教授团队的研究成果建立了区域高分辨率排放清单编制和校验技术方法体系，整体达到国际先进水平，其中在基于动态过程的高分辨率排放清单技术、清单在线计算平台技术及数据产品、源排放粒径谱与成分综合采样测试系统等方面处于国际领先水平。该项目成果获得教育部科技进步奖一等奖，并被推荐申报 2015 年国家科技进步奖。

当时，申报国家科技进步奖正值冬季供暖季，空气质量随着燃煤供暖或天然气供暖的启动而变差，社会上对雾霾的怨言增多。H2 教授找到学校成果办奖励管理人员，担心地说道："最近空气质量不好，雾霾较严重，我们的成果会不会受到评审专家质疑啊？"

学校成果办奖励管理人员则认为：评审专家要根据报奖人提交的项目推荐书描述的技术内容进行评价。是否可以考虑，在项目推荐书材料撰写上有一定的侧重点。比如侧重描述排放清单关键技术的领先性及该清单技术成为 40 多项重大政策、技术文件和业务平台的核心科技支撑作用方面。这样评审专家的兴趣点可更多地被吸引到这些方面。

H2 教授坚信：解决大气复合污染问题的关键是找准污染来源、准确预报预警和科学控制规划。他们团队研究的排放清单关键技术是实现解决大气复合污染目标的核心支撑技术。推荐书材料立足技术创新突破方面，尤为重要。学校成果办奖励管理人员也认为，准确定位可以避免评审专家的误解。

H2 教授研究发现：大气复合污染涉及的污染源量大面广，但中国现有的环境管理体系仅涵盖了固定燃烧源、工艺过程源和道路移动源的部分污染物排放，未包括大部分的污染源和污染物。他带领研究团队通过研发采样测试技术，构建了本地化的排放因子和成分谱库，开发了工业点源、交通线源和农业面源的准确定量方

---

① 参与式观察 H2 教授团队，时间跨度 12 个月，根据记录材料整理提炼而成，参见附录。

法；进而研发高分辨率排放源模式和清单多维校验技术，基于在线平台集成，构建了区域高分辨率排放清单技术体系及数据集产品，并在全国和重点区域进行全面应用。

学校成果办奖励管理人员进一步咨询相关技术在实际中的应用情况。H2 教授自豪地说道："研究成果在北京 APEC、南京青奥、深圳大运和成都财富论坛等大型国际活动的空气质量保障中发挥了核心的技术支撑作用，起到了点刹的作用。"学校成果办奖励管理人员觉得"点刹"这个词非常生动形象，应该予以重视，用在适当位置，凸显成果应用的实际效果。

H2 教授又补充道：其团队研究成果已应用于国家层面大气污染防治工作，成为国务院颁布的《大气污染防治行动计划》和《重点区域大气污染防治"十二五"规划》等 10 多项国家重大政策、标准和技术文件的核心科技支撑；同时还应用于重点省市落实《大气污染防治行动计划》实施工作，成为 30 多项地方重大政策、行动计划和业务平台的核心科技支撑，明显提升了地方空气质量管理的科技含量和系统水平。学校成果办奖励管理人员认为：推荐书材料应重点强调技术的实用性，以及在落实政策科技支撑方面。项目本身是很有竞争力的。

最终，H2 教授的项目顺利地通过了国家科技奖的网络评审，进入了最关键的会议评审环节。H2 教授制作好 PPT 初稿后，邀请了本学院小同行专家来指导 PPT 的完善修改。小同行专家看后指出："PPT 中关于区域大气污染源高分辨率排放清单关键技术描述的比较清楚，对于国家和各地方环保政策的制定具有重要的指导意义。但是区域大气环境污染的治理并不是这个项目成果要解决的问题，因此不能将大气污染的治理情况作为项目的评价依据，PPT 的配音阐述要有所取舍。"

根据本学院小同行专家的建议，项目团队将 PPT 演示材料进一步调整，聚焦项目研究重点。之后，H2 教授又邀请了相近领域的大同行专家来给 PPT 把关。大同行专家看后问道："采用你们的技术，最后大气污染的防治效果如何？"H2 教授解释道："解决大气复合污染的关键是找准污染来源、准确预报预警和科学控制规划。而项目团队研究的排放清单技术是实现上述目的的核心支撑技术。通过制定科学的治理规划，可以实现长期目标或者短期的临时性的治理效果。比如通过北京周边省市联动，控制区域中污染源的排放，实现了北京 APEC 蓝。"大同行专家听后，对 H2 教授的技术成果予以认同和赞赏。

H2 教授团队进一步调整 PPT 演示材料，力求演示内容更加突出科技创新的核心，应用描述更加准确，技术效果描述更通俗易懂。通过评审会议视频答辩，项目团队负责人 H2 教授清晰地表述了项目研究成果的重要意义，介绍了国内外对项目成果的客观评价，及其在中国环保实践中起到的重要作用。与其他上会项目相比，项目答辩团队广泛的业界影响力和精心准备的答辩预案，获得了会评评委的一致认可，最终获得了 2015 年度国家科技进步奖二等奖。

在案例 6 中，H2 教授在环境保护专业评审组进行会议评审。环保专家相对集中，具体细分为大气、水、生态、固体废弃物等小领域。H2 教授及研究团队成员在大气研究领域知名度很高：团队负责人 H2 教授任全球排放研究计划 GEIA 中国工作组主席并获得 GEIA 第 18 届科学大会举办权；项目主要完成人担任 GEOS-Chem 科学指导委员会源排放组主席，发起国内外多家单位参加的东亚排放评估大型研究计划，担任中国环境科学学会挥发性有机物污染防治专业委员会副主任、大气颗粒物源解析专家组专家、联合国汞公约最佳可得技术 / 最佳环境实践专家等；项目团队成员在全国 31 个省、直辖市、自治区开展排放清单技术指南培训。因此，H2 教授及研究团队成员与同行专家平时交流很多，在环保专家中的影响力大。

到了评审答辩现场，H2 教授及其研究团队（人类行动者）将根据评价指标体系（非人行动者）准备的多媒体演示材料充分地展示项目技术创新之处，让环境保护各小领域的评审专家（人类行动者）均能理解其技术内涵和应用情况，吸引评审专家的兴趣。感兴趣的评审专家可与项目完成人通过视频形式进行质询，提出问题。报奖人可通过回答评审专家提出的问题，进一步阐述和说明相关情况，让评审专家（人类行动者）更全面地理解其技术创新意义。非小领域同行专家提出的问题，往往带有普适性和学科交叉性。报奖人清楚地解释相关问题，即可拉近与非小领域同行专家的距离，促进共识的形成，达到动员和扩展"代言者"的目的。

4.3.4　对违背评审规则招募"代言者"的监督和查处

显而易见，在招募和动员"代言者"的过程中，容易出现违背评审规则的情况。针对在推荐 - 申报和评审过程中可能出现违背规则的行为，国家科学技术奖励委员会成立了科学技术奖励监督委员会，负责对国家科技奖的评审各个环节工作进行监督，对举报反映问题进行核查。同时，规定在评审过程中及评审结果产生之后，需要对报奖项目材料进行公示。在这里，学术界的科技精英、社会各界媒体、科技奖励监督委员会等行动者会对国家科技奖的评选起到监督作用，由此建立一种必要的纠错机制。纠错机制运行的状况直接影响着国家科技奖评审行动者网络的稳定性。

笔者曾经对国家科技奖励工作办公室相关管理人员进行过访谈，受访者认为：

"国家科技奖励的评审受到科技界的关注。但并不是所有的科研人员都关心国家科技奖。国家科技奖处于整个科技奖励体系的最顶端，因此关注国家科技奖的科技工作者仍是科技界中很小的一部分，他们可以说是科技界的精英①。"但实际上，即便是没有获得推荐资格的科学家，也会对评审的过程和结果予以关注。因为不公平的评审不仅对参评的推荐项目是不公正的，对其他科学家而言也是不公正的。评审过程中网络的动态演进是在半开放的状态下展开的，这为更多的科学家、社会公众和媒体介入网络之中提供了窗口，也正是科学家之间、科学精英之间的相互监督和相互竞争，使得可能出现的违规行为往往是被科学同行首先发现并举报的。正如受访者所说的："在国家科技奖励的评审过程中和奖励评审结束后出现的各种争议都是这些科技精英发现、质疑，并要求监督、处理的②。"

在案例 7 和案例 8 中，都是因违背评审规则，以不当方式招募和动员代言者而被查处，甚至撤销已经被授予的奖项。

（1）因举报请托评委原因，取消项目获奖资格

因举报请托评委原因，案例 7 成为近年来被取消项目获奖资格的第一个案例。

2016 年 6 月底，国家科学技术奖初评结束后，科技部、国家科技奖励工作办公室官方网站，以及多家媒体，把通过初评的项目向全社会进行 30 天公示。在公示期间，国家科技奖励工作办公室接到实名举报某报奖项目完成方存在请托评委的行为。

国家科技奖励工作办公室随后派人开展核查工作，并证实该项目第一完成人电话请托评委的情况存在，违反了《国家科学技术奖评审行为准则与督查暂行规定》和《国家科学技术奖励评审工作纪律》的相关规定。

2016 年 8 月 21 日，国家科技进步奖评审委员会会议在北京召开，对初评通过的国家科技进步奖报奖项目进行评审。在评审会上，国家奖励办经办人员详细报告了举报及核查情况，经评审委员会审议，依据有关规定，与会委员通过投票表决，取消该项目获奖资格[116]。

国家科技奖励工作办公室作为执行政府科技管理职能的行动者，实现了对科技奖励的导向调控。案例中，报奖人直接或通过相关渠道请托奖励的评审专家，说明了报奖人与评审专家之间存在着广泛的网络联结。这种联结有可能导致评审者不公

---

① 根据记录材料整理提炼而成，参见附录。
② 根据记录材料整理提炼而成，参见附录。

平地成为报奖人的代言者。

为避免这种状况发生，国家科技奖励工作办公室作为国家科技奖评审的具体组织部门，制定了《国家科学技术奖励评审工作纪律》，以单行版方式分类发送给各相关单位和个人[117]，用以规范奖励评审活动。《国家科学技术奖励评审工作纪律》明文禁止评审对象从事任何干扰国家科技奖评审的行为，禁止评审专家的评审不公行为。国家科技奖励工作办公室进一步要求报奖项目第一完成单位法人代表、报奖项目第一完成人等相关人员签署《关于遵守国家科学技术奖励评审工作纪律的承诺书》，并要求推荐单位、报奖人及报奖单位、评审专家等遵守国家科学技术奖评审纪律。在这里，《国家科学技术奖励评审工作纪律》成为保障网络稳定性的重要非人行动者。

国家科技奖励工作办公室还采取了相关措施，邀请部分社会各界志愿者（人类行动者）参与监督国家科技奖的评审活动，维护公平公正的奖励评审环境。

（2）因学术造假而被撤销国家科技奖

案例 8 是 1999 年《国家科学技术奖励条例》颁布以来，第一例因学术造假而被撤销国家科学技术进步奖的获奖项目。

2011 年 2 月 1 日，科技部网上发布通告，决定撤销"涡旋压缩机设计制造关键技术研究及系列产品开发"项目所获 2005 年度国家科学技术进步奖二等奖[118]。通告明确指出要收回奖励证书，追回奖金，详见图 4.1。

关于撤销涡旋压缩机设计制造关键技术研究及系列产品开发项目国家科学技术进步奖二等奖的决定

日期：2011年02月01日　　　　来源：科技部

国科发奖〔2011〕40号

　　经调查核实，2005年国家科学技术进步奖二等奖获奖项目"涡旋压缩机设计制造关键技术研究及系列产品开发"的推荐材料中存在代表著作严重抄袭和经济效益数据不实的问题。根据《国家科学技术奖励条例》第二十一条及《国家科学技术奖励条例实施细则》第九十二条的规定，经国家科学技术奖励委员会审核同意，并经国务院批准，决定撤销"涡旋压缩机设计制造关键技术研究及系列产品开发"项目所获2005年国家科学技术进步奖二等奖，收回奖励证书，追回奖金。

二〇一一年一月三十日

图 4.1　科技部通告

引发此次事件的源头是 2007 年年底，西安交通大学杨绍侃、郁永章等六位教授实名举报西安交通大学李连生在申报教育部科技进步奖项目中存在造假、包装拼凑、侵占他人学术成果等严重学术不端问题。2008 年年初，六位教授向西安交通大学提交了质疑李连生报奖内容的书面意见，并向学校多个部门发出公开举报信。西安交通大学调查情况属实后，于 2008 年 3 月致函教育部，正式建议撤销该奖项。

随着调查的深入，举报人从学校、工商行政管理局多个单位和部门，收集李连生报奖项目推荐书和相关证明材料[119]，经对比分析发现，李连生获得的陕西省科技进步奖一等奖，以及 2005 年所获得的国家科学技术进步奖"涡旋压缩机设计制造关键技术研究及系列产品开发"项目等在经济效益的证明材料上存在明显的造假现象。2010 年 3 月 20 日央视《焦点访谈》栏目播出了举报人的调查内容，片中还披露了校学术委员会副主任和副校长的两段谈话录音，展现了西安交通大学作为获奖项目第一完成单位不想"家丑外扬"的心态和处理举报李连生造假事件的态度[120]。2010 年 3 月，西安交通大学向国家科技奖励工作办公室提出撤销"涡旋压缩机设计制造关键技术研究及系列产品开发"项目奖项的申请。2010 年 3 月 21 日，李连生被学校解聘，随后他离开西安交通大学。2011 年 2 月，科技部和国家科学技术奖励工作办公室发布通告撤销该奖项。

国家科学技术奖励工作办公室的这件通告在社会、科技界都产生了重要的影响，具有典型意义[121]。在该案例中，报奖人在报奖年度获得了国家科技进步奖。但是若干年后，作为社会监督力量的同行学者发现了学术造假，发挥了应有的监督作用。举报人举证的关键之处在于国家科技进步奖推荐书中的经济效益栏目填写造假。项目推荐书中经济效益表格记录的几百万、几千万新增产值或新增利润，是否真实，是否由项目技术发明或科技创新导致的，是很难考证的。从绝大多数评审专家角度看，他们只能根据项目推荐书或多媒体幻灯片材料描述的内容，理解和判断项目的真实性和创新水平。这种情况为申报人（以及推荐者）"招募"不实事实进行"代言"，为欺骗评审专家提供了可乘之机。

该案例暴露了国家科技奖励推荐、评审过程中值得引以为戒和亟待改进的问题。举报人顶住了报奖单位（人类行动者）的施压，对曾经的评奖结果提出质疑。举报人在证据确凿、电视媒体和网络媒体的帮助下，报道了调查结果。行动者网络中监督委员会（人类行动者）进行调查证实后，报告给国家科技奖励委员会（人类行动者），实现了对已获国家科技奖励的撤销。

国家科技奖励工作办公室作为执行政府科技管理职能的行动者，其撤销已授奖励的做法，再次明确了国家科技奖的导向作用和奖励目标。并由此多次修订项目推荐书中关于经济效益的填写说明和证明方式，实现对非人行动者的重塑，来进一步净化和影响行动者网络。

完善国家科技奖励评审制度，通过对国家科技奖评审行动者网络中的非人行动者进行规范、调整，引导和约束人类行动者的行为，建立有效的纠错机制，能够有效增强国家科技奖评审行动者网络的稳定性。

科技管理部门不断探索改革，以形成具有权威性和公信力的科技奖励体系，但是国家科技奖评审行动者网络的形成及其特点，从一个侧面反映出这种评审制度和机制中的深层次问题，使得国家科技奖评审过程中牵扯到众多的不同利益主体之间的辩论、磋商、竞争和妥协。

第 5 章

国家科技奖励制度中的问题、
反思与改革探索

　　中国科技奖励制度经过 70 多年的历史演变发展，逐步形成了具有中国特色的政府主导的科技奖励体系，特别是国家科技奖在促进国家科技事业的发展进程中扮演着非常重要的角色。国家科技奖是中国政府科技奖励中评审程序最复杂的奖项，在学术界和社会有广泛的影响，在科技奖励体系中的地位也最高。通过研究中国科技奖励体系的历史演变过程，基于对国家科技奖评审行动者网络的分析，可以发现中国国家科技奖励制度设计会导致许多问题，包括奖励功能的异化、功利化倾向、马太效应、资源分配集中等。这些问题的产生与"政府主导"的科技奖励这一特征有密切关系，要改变这种模式非常困难。随着国家科技奖励制度在中国奖励体系中的权威性不断增强，制度内部逐渐暴露出一些具体问题，从两个方面进一步思考中国科技奖励制度：第一，对现行国家科技奖评审制度框架下存在问题的思考；第二，对中国政府主导的科技奖励体系本身的反思。结合具体问题有针对性地提出改进中国科技奖励制度的对策建议。

5.1 国家科技奖励制度存在的问题

　　国家科技奖励工作搞好了，有利于调动科技人员的积极性，反之，则会产生相当大的消极作用和负面影响。通过追随国家科技奖评审行动者网络各类行动者的实际行动，笔者发现在政府主导的科技奖励体系下，国家科技奖及其评审制度存在如下问题：①严重的功利性价值导向；②"限额推荐"制度留下较大政策空间；③现行评价标准难以适应复杂多样的评审过程。

5.1.1　国家科技奖励的功利性价值导向

在政府主导的科技奖励体系下，中国的政府科技奖励长期实行层级管理体制，在政府主管的科研机构或大学工作的科技人员获得国家科技奖后，将拥有比较明显的"奖后效应"，不仅获奖成为职务晋升、获得更高学术头衔的必备条件，而且有些单位对获奖成果不同程度地予以配套奖励。相比较而言，民间社会力量奖励往往不具备这种"奖后效应"，因而往往不被科研机构和科技工作者重视。以国家科技奖为例，分析科技奖励对获奖者及其所在研究机构带来的功利性影响，主要体现在以下三个方面。

（1）国家科技奖对获奖者的学术及社会地位提升具有显著作用

科技奖励制度作为激励科技人才的重要制度，是贯彻"科教兴国"战略、"尊重知识，尊重人才"的重要体现，是落实科学发展观和建设创新型国家的重要举措。而政府设立的科技奖励，尤其是国家科技奖，更是具有显示度高、影响力大、示范性强的特点，是对获奖者的研究水平的权威性承认。因此，获奖者在职称评定、职务晋升以及获取人大代表、政协委员等荣誉性职务，获得各种学术头衔，乃至院士评选中具有竞争优势。以某大学人事职称评定办法为例：某系长聘教授的要求之一为从事的技术和工程工作得到国内或国际权威机构的认可，如国家科技三大奖一等奖排名前六、二等奖排名前三。唐爱国采用公开的数据资料对两院院士候选人及当选院士获得国家科技三大奖励的比例进行了实证研究，研究发现：近年来中国科学院院士候选人和当选院士中以第一完成人身份获得国家自然科学奖和国家科技进步奖的比例均明显上升；中国工程院院士候选人和当选院士中以第一完成人身份获得国家发明奖和国家科技进步奖的比例均明显上升[122]。10 年前，获得一项国家科技奖一般是被推荐为院士候选人的基本条件。近年来，获得两项国家科技奖则被更多人看作被推荐为院士候选人的基本条件。

（2）获得国家科技奖成为国家科研基地评估、学科评估的重要指标

国家重点实验室是国家组织高水平（应用）基础研究、聚集和培养优秀科学家、开展高层次学术交流的重要基地。每 5 年，国家重点实验室需要进行评估一次，评估结果作为升级、摘牌和经费下拨的重要依据。获得政府科技奖励，尤其是国家科技奖励往往是国家重点实验室评估时重要的支撑材料，而实验室在科技奖励方面的突出表现是评估材料中的重要亮点。同样，在近年来的学科评估中，获得国家科技奖往往被作为重要的加分指标，而学科评估排名的高低往往与今后的科技资源分配

密切相关。

（3）省部级及以上科技奖励成为科研机构学术能力排名的重要指标

"中国校友会网"的中国大学排行榜，衡量高校的人才与科学贡献能力为评价目标。采用三级评价指标体系，并包括科学创新基地、基础科研项目、高端科研成果、杰出人才等在内的 12 项高端指标。其中"高端科研成果"指标权重达到 21.83%，除高水平论文、发明专利、国家标准外，科研成果获得世界级科研奖励、国家级和省部级科研奖励也是非常重要的指标。可见，政府设立的国家级和省部级科研奖励成果已成为中国大学排行榜的重要评价指标。

在这种功利性价值导向下，国家科技奖的评审不仅受到科研人员的高度重视，也受到科研机构或大学的高度关注。很多科研机构或大学成立了不同形式的科技奖励工作办公室或成果奖励管理办公室，以在科技奖励过程中更好地发挥单位的综合优势，或者在与推荐单位、评审机构的沟通协调中发挥重要作用。在上文关于国家科技奖评审行动者网络构建的分析中可以看出，这些科研机构的科技奖励办公室或成果管理办公室是起到协调沟通、上通下达的关键行动者，往往扮演着很重要的角色。

5.1.2 限额推荐制留下较大政策空间

国家科技奖励采取限额推荐制。在第 4 章国家科技奖评审行动者网络建构过程和案例描述中发现：限额推荐制对推荐单位做了比较明确的规定。地方政府和大部分社会团体组织设立的科技奖与国家科技奖之间存在层级递进关系。被推荐国家科技奖的前提是报奖人曾经获得过省部级奖励或学会、协会奖励。推荐单位往往设置很高的推荐门槛（比如获得本推荐单位设立的科技奖项的一等奖），导致权利分配不公，一些优秀的科技成果失去了被推荐的机会。

此外，国家科技奖励的推荐申报环节过多，导致推荐与完成单位、完成人的申报很难严格区分，如第 4 章关于国家科技奖评审行动者网络中推荐与申报过程的分析所示，推荐制实质上演化为了推荐－申报制，造成各种额外的干扰因素增加。

国家科技奖通常与学术声望、社会地位和个人所得等联系在一起。在这些切实的"名利双收"的利益驱动下，加上国家科技奖励采用限额推荐制，项目完成人自己撰写项目推荐书，组织报奖材料，具有较大的自主发挥空间，也因此产生了诸多问题。具体表现在以下四个方面。

（1）重复报奖

为突出项目创新水平，报奖人及其团队在不同报奖项目中重复使用同一科研成果（如特定的高质量论文或发明专利等）。或者是一篇文章的不同作者、一个发明专利的不同权利人／发明人在不同的报奖项目中重复使用同一文章或专利。

（2）连续报奖

国家科技奖励实施细则规定：经评定未获国家科技三大奖的报奖人和报奖单位，如果再次以相关项目技术内容推荐，须隔一年进行。但报奖人或报奖单位急功近利，把部分上年度经评审未获奖项目成果重新包装，改头换面后再次申报下年度国家科技奖。典型的做法是变更部分完成人、完成单位。但致命的缺陷在于支撑发明点／创新点的专利、论文等仍有重复使用。

（3）打包拼凑报奖

为了能够在奖励评审过程中获得竞争优势，一些报奖人或报奖单位将无关联的项目或之前无合作的单位，打包拼凑，联合报奖。国家科技奖的推荐单位对打包拼凑报奖情况相对比较了解，他们在遴选推荐项目时，会与报奖人及报奖单位进行沟通，掌握报奖项目的实际情况。为了解具体情况，笔者对三家推荐单位的多位负责科技奖励的管理人员进行了访谈，均表达了存在"打包拼凑报奖"的现象。

第一位受访者指出："在我们单位推荐的项目中，某些项目团队的研究方向相近，但单独申报不具备获得国家科技大奖的实力。有时候就会出现将几个原本没有紧密研究合作的团队的成果拼凑在一起，增加科技成果'分量'的现象[1]。"

第二位受访者指出："在我们单位推荐的项目中，某些研究团队担心自己的行业知名度不高，为了增加影响力，在报奖阶段将所在领域的知名专家或团队引入完成人中。这样就有竞争优势啦[2]。"

第三位受访者指出："我们推荐的高校牵头完成的项目，为了使奖励推荐书中'直接经济效益'表格中的数据更大，将应用项目成果的企业列入了项目完成单位，这样项目就有了可观的直接经济效益[3]。"

从对国家科技奖励工作办公室发布的受理项目和形审不合格项目情况来看，每年被推荐申报国家科技三大奖的项目中，均有 10 余个项目被查出重复报奖或连续

---

[1]　根据记录材料整理提炼而成，参见附录。

[2]　根据记录材料整理提炼而成，参见附录。

[3]　根据记录材料整理提炼而成，参见附录。

报奖。也就是说，这些报奖人联结其他行动者的过程中，违反了国家科技奖推荐规定，被强制驱逐出了国家科技奖评审行动者网络。

（4）项目完成人排名的先后之争

国家科技奖励条例及其实施细则对每个获奖项目的完成人数都进行了明确限定。根据统计结果来看，绝大多数的国家科技奖获奖项目都是由多个单位或多个完成人共同完成的。而完成人在获奖项目中排名的位置，会影响奖后的利益。比如，在大学或科研机构中，人事部门在职称评定、津贴奖金、给予荣誉称号中常将获得国家科技奖等级的高低、数量的多少作为主要参考指标，即依据获奖人获国家科技奖的数量和等级，以及在获奖项目中排名位次而给予不同的优先级。这种制度会导致科研人员在科技成果鉴定和科技奖励申报过程中表现出明显的功利性倾向，排名纠纷时有发生，动摇团队的合作根基[123]，对研究水平的不断提高和学科持续发展带来严重的负面效果。

重大项目成果由于工程建设周期长，参加完成人员多，公平、公正有所欠缺，在报奖时，往往引发众多争执。报奖人在招募合作报奖人的时候，因利益无法达成一致，行动者网络的联结很难达成。

国家科技奖励工作办公室一位受访者认为："你会发现，国家科技奖，尤其是国家科技进步奖获奖项目完成人排名靠前的往往是单位行政领导，而真正做核心技术研究开发工作的则排名靠后，甚至排不上名次，严重挫伤了在一线工作的科研人员的积极性……"他还补充举例："很多优秀项目成果，因为报奖人排名争执不休，而导致无法推荐。甚至还有一些项目在评审过程中，排位在后的报奖单位或报奖人提出对项目排名的异议，而导致该项目评审的终止①。"

国家科技奖励工作办公室另一位受访者则认为："在国家科技进步奖报奖项目中，完成单位的领导作为排名靠前的报奖人，在某些情况下也是合理的体现。因为很多产业化项目的思想理念提供者是单位领导，他们提出了研究方向并筹措了各种研究和产业化资源，实现了技术到产品的转换②。"

由此可见，在国家科技奖的运行过程中，项目完成人排名的争论一直存在。在中国文化背景下，国家科技奖的"排名"经常是大家的关注点。

---

① 根据记录材料整理提炼而成。

② 根据记录材料整理提炼而成。

5.1.3 评价标准难以适应复杂多样的评审过程

科技奖励评价指标体系是科技奖励评价标准科学化的基础。科学合理的科技奖励评价指标体系是科技奖励科学化的重要内容。评审专家根据评价指标对报奖项目进行打分，取分数平均值作为项目水平判断的参考依据。国家科技奖励评价指标体系是重要的非人行动者，对评委行动者具有重要的价值导向作用。

报奖人及报奖单位能否依据评价指标相关采分点准备项目推荐书和多媒体演示材料，吸引评审专家关注并方便专家做出价值判断，是其发展行动者网络，并扩大招募、动员评审专家数量的关键。

国家科技奖励评价指标体系（2014 版）按奖种进行分类，其中国家自然奖评价指标含 4 项一级指标；国家技术发明奖含 6 项一级指标；国家科技进步奖含 6 项一级指标。评价指标中的描述，诸如"重大的""重要的""难度较大的""显著的"等含糊概念，很难定量地区别把握，必然会影响评审的客观性。

在访谈国家科技奖励工作办公室受访者时，他提出："因各行业对科技创新的描述和要求不尽相同，使用统一的评价指标评价各行业创新成果具有很大的局限性。例如评价农林牧渔业的指标与评价信息技术服务业的指标差异很大，评价医疗卫生业与制造加工业的指标差异也很大。我们办公室正在考虑组建课题研究组，对评价指标进行分类细化。"他考虑："按行业制定国家技术发明奖和国家科技进步奖评价指标，评价指标体现激励科技创新的政策导向和行业特色。行业可以具体分为：农林牧渔业；能源矿产采选与电力热力供应业；制造加工业；建筑业；交通运输业；信息传输、软件和信息技术服务业；水利、环境和公共设施管理业；医疗卫生业，这八大行业[①]。"

目前国家科技三大奖的评审无论什么学科 / 技术领域均采用统一的评价指标体系，没有针对各学科 / 行业的特点制定相应的特色评价指标，往往会造成申报人过度追求不现实的指标，甚至在报奖材料上"动手脚"。韩启德院士认为："避免采用单一标准，前沿基础研究和技术研究，不同领域和学科，乃至不同发展阶段和不同地区的评判标准，都应该有所差别。"[124]

评价标准方面存在的问题也引发了评审过程中的较大争议。有研究者认为，若非经一个较长的历史时期的验证，评审专家是很难分清"重大创新"与"明显创

---

① 根据记录材料整理提炼而成，参见附录。

新", "有重大作用或影响"与"有重要作用或影响"之间的差别，只好"跟着感觉走"[125]。

5.2 国家科技奖励制度存在问题的原因分析

下面将具体分析国家科技奖励内在的强化机理及其影响，进而探讨改进中国科技奖励体系的基本思路。

5.2.1 国家科技奖权威的自我强化

对政府与科技奖励的关系，笔者认为需要从两个方面进行思考。首先，需要充分认识科技奖励的必要性及其意义。从第 2 章阐述的中国科技奖励制度的历史演变角度看，国家通过设立政府科技奖，鼓励勇于探索、矢志创新的学术精神，淡泊名利、甘于奉献的道德品质，为广大科技工作者特别是年轻科学家树立了榜样，为国家不同时期的战略任务服务，形成有效的激励机制，是非常必要的。

在充分认识政府科技奖励必要性的同时，需要进一步思考政府科技奖励的功能，以及政府科技奖励与社会力量科技奖励的关系。对复杂多样的科技活动而言，多元化、网络化的科技奖励体系更能够起到对科研人员的贡献比较精准地进行激励的功能。一方面，政府科技奖励、学术界的科技奖励和民间社会力量设立的科技奖励往往具有不同的功能，这些功能通常是不可相互替代的，而是相互补充的。政府科技奖励往往与政府的职能相关，在由学术界、社会力量或市场发挥主导作用的方面，相应的激励机制也往往不需要政府来干预。另一方面，在多元化的科技奖励体系中，政府科技奖励往往具有比较突出的示范性和导向性，即通过激励少数具有突出贡献的科技工作者，树立科研人员的标杆，以引导科研人员聚焦政府意欲实现的核心目标。显然，这种多元互补的科技奖励体系往往不是政府主导的，而是多元主体、多种力量努力发挥各自的作用。

反过来看，中国的科技奖励体系是政府主导的，科技奖励以政府奖励为主体，民间社会力量奖励数量相对较少，特别是在科学共同体内部设立的学科领域奖数量更少，权威性高的更是凤毛麟角。这种政府主导的科技奖励体系的形成有历史的原因。但正如第 4 章基于行动者网络理论分析出的，形成这种政府主导的科技奖励体系的一个重要根源，即在限额推荐制度设计下，国家科技奖存在着自我强化的机制。在社会力量奖励，尤其是学术界奖励的权威性远未树立的情况下，国家科技奖负载的社会功能太多，学术外的社会附加值很大，对国家科技奖的限额推荐的制度设计在本质上起到了强化政府科技奖，特别是国家科技奖的权威性的作用。

具体来说，中国科技奖励体系采用的是层级递进的纵向结构，即获得地方政府奖或学会/协会奖的项目被推荐申报国家科技奖，形成由下向上进阶的纵向结构。这样，在国家科技奖励实行限额推荐制的情况下，各推荐单位，包括省、直辖市、自治区人民政府，国务院部委，国务院直属机构，国务院直属事业单位，大型行业协会、学会等设立的各种科技奖励，都被看作遴选国家科技奖报奖项目的基础。获得推荐单位设立的科技奖励，尤其是高等级的科技奖励，才能被优先推荐申报国家科技奖。在此情况下，一方面，绝大部分推荐单位设立科技奖的奖励结构、奖励对象、评审方式等都参照国家科技奖的相关设置；另一方面，国家一级学会、大型行业协会等组织设立的相关科技奖励也被对标至省部级科技奖层次，使中国这种纵向结构的科技奖励体系的不同层级具有很大的同质性。

中国科技奖励体系由下而上递进的纵向结构，本质上是一种信用叠加或权威强化，这样就更加凸显了国家科技奖的权威性和影响力。这种情况，较之一般意义上的优势积累现象，是更为突出的马太效应。因为这种优势积累或信用叠加发生在一个纵向层级体系之中，而不是一种横向的网络系统之中，便使得国家科技奖成为累积了各级级信用和权威的"最高"竞争场域。国家科技奖因限额推荐而具有的这种权威强化机制，带来了复杂的后果。其中一个严重的后果就是使得学会或协会的科技奖励功能与国家科技奖励发生重叠，同时，也极大地压缩了学术界或民间社会力量科技奖励成长的空间，难以形成广泛的社会影响，难以树立应有的权威性。

5.2.2 国家科技奖的功能及其异化

如果单纯从提高国家科技奖的权威性和公信力的角度理解，实行限额推荐制本身是一个合理的选择。因为实行限额推荐，可以有效地筛选出更加符合条件的人或成果。实际上，不仅中央政府设立的科技奖需要权威性，任何有影响的奖励都需要权威性和公信力，国际上一些重要的民间科技奖励，比如诺贝尔奖，都具有突出的权威性，其权威性或影响力明显超越了很多国家的政府科技奖。

通过限额推荐制提高国家科技奖的权威性不是问题的关键，问题的关键在于为什么国家科技奖实行限额推荐制之后，会发生进一步强化政府主导的科技奖励体系的后果。这实际上与国家科技奖的功能异化有关系。实际上，中国国家科技奖长期以来部分地承担了政府科技管理的重要职能，成为政府科技管理的一种常规手段。在某种意义上，国家科技奖向前回溯，是科研机构或科研人员绩效考核的重要指标。向后延伸，则成为科技资源或科学荣誉分配的重要依据。在科技管理职能过多集中在政府科技管理部门，政府的科技管理职能尚未有效地转移到学会、协会或科研机构、大学的情况下，国家科技奖无形中承载了很多的社会功能。

国家科技奖长期以来部分地承担了政府科技管理的重要职能，成为政府科技管理的一种常规手段。在某种意义上，这种功能异化，一方面使得国家科技奖不可避免地与资源竞争、价值分配的功利性追求之间建立起密不可分的关系，即便是很多科研人员或科研机构对这种功利化倾向多有质疑，但仍然不得不卷入这种复杂的竞争场域之中。在行动者网络视角看来，这个竞争场域中人类行动者和非人行动者（限额推荐、推荐－申报）、不同利益主体之间充斥着辩论、磋商、竞争和妥协，无疑加重了各主体的负担。报奖人、报奖单位演变为整个行动者网络中最活跃的行动者。另一方面，也使得国家科技奖的评选不得不覆盖越来越大的领域和范围。尽管近些年来，为了增加国家科技奖的稀缺性和权威性，国家科技奖一再压缩授奖数量，但国家科技奖在本质上作为政府科技管理的常规手段的性质并没有发生改变。而且目前这种政府奖励占据主导地位，奖励主体相对单一化的模式，可能越来越难以满足广大科技工作者多层次、多类型的激励需求。如果政府的职能不能向社会有效转移，政府科技管理的职责不能向学会、协会等科学共同体的社会组织转移，不但政府科技奖功能异化的情况依然会延续，学会、协会等社会组织，以及民间社会力量建立多样化的、网络化的科技奖励体系的努力也很难奏效。

2017 年 7 月，科技部在《关于进一步鼓励和规范社会力量设立科学技术奖的指导意见》中明确提出，要"规范社会科技奖励的运行，努力提高社会科技奖励的整体水平；鼓励若干具备一定资金实力和组织保障的奖励向国际化方向发展，培育若干在国际上具有较大影响力的知名奖励"，旨在充分发挥社会科技奖励在激励自主创新中的积极作用，为推动科技进步和经济社会的协调发展，为建成创新型国家和世界科技强国注入正能量。新时代，面对百年未有之大变局，在科技自立自强背景下，创设面向全世界科技工作者的国际科技大奖是当前我国科技奖励制度发展的新机遇，也是重大调整。

5.3 新形势下国家科技奖励制度改革探索

为了改革和完善国家科技奖励制度，引导省部级科学技术奖高质量发展，鼓励社会力量设立的科学技术奖的健康发展，2017 年 5 月，国务院办公厅印发了《关于深化科技奖励制度改革的方案》（以下简称《深改方案》），提出了"提高质量、减少数量、优化结构、规范程序"的改革思路，对国家科学技术奖进行改革完善，针对国家科学技术奖，部署包括实行提名制、建立定标定额的评审制度、调整奖励对象要求、明晰专家评审委员会和政府部门的职责、增强奖励活动的公开透明度、健全科技奖励诚信制度、强化奖励的荣誉性 7 个重点任务 [126]。其中，重中之重的改革内容是取消了"限额推荐制"，改变之前由"现行行政部门下达推荐指标，科技人员申请报奖，推荐单位筛选推荐"的报奖方式，转而实行由"专家、机构和部门"相结合的"提名制"。

2017 年 10 月，国家科学技术奖励工作办公室通过了《国家科学技术奖提名制实施办法（试行）》，进一步简化提名的程序。提名制实施以后，专家提名、组织机构提名和相关部门提名的范围逐步扩大。2018 年国家科技三大奖全面放开专家提名方式，同时对相关部门提名国家科技奖的数量不做限制。提名机构后续略有扩充，一些有影响力的学会 / 协会具备了提名资格，但是对提名名额有一定限制。由专家、组织机构、相关部门等提名的提名制，强化提名责任，目的是在坚持政府主导的基础上充分发挥专家学者和专业机构的作用，突出奖励的学术性 [127]。

此前论述了在"限额推荐制"下存在两个"强制通行点"：一个是因为国家奖励办下达给推荐单位的"限额"指标，给推荐单位制造了"强制通行点"，为可能获得国家科技奖的单位或个人设置了进入评审过程的限制性条件；另一个则是推荐单位按照"限额"给报奖人所设定的"强制通行点"。提名制改革则从某种程度上改变了国家科技奖评审行动者网络的"强制通行点"，尤其是相关提名部门提名数量不限后，第一个"强制通行点"（提名单位的遴选）似乎不存在了。但是，各提名部门内部仍然制定了"择优遴选"项目的办法，即优先从本部门所设奖励的高等级获奖项目中提名。例如，在教育部组织开展"2020 年度国家科学技术奖教育部提名工作"的通知中，明确指出"提名项目原则上已获得省部级一等奖及以上奖励" [128]。可见，提名制的实行虽然带来了"强制通行点"的弱化，但是情况并没有发生实质性的变化。对比"限额推荐制"和"提名制"两种评奖机制中的行动者角色，可以发现，无论从职责还是评审流程来看，主要行动者的原有角色没有发生根本性的变化。从推荐单位到提名单位，从推荐专家到提名专家，仍然与报奖人同盟保持着紧密的联系。报奖人同盟为了获得竞争优势，仍然需要去"招募"和"动员"新的同盟，利益相关者纠葛的行动者网络格局没有发生改变。因此，限额推荐制中存在的弊端并没有得到根本性的解决，尤其是在国家科技奖的权威自我强化方面，并没有得到根本性的改善。

《深改方案》推出国家科技奖实行"提名制"，一方面是考虑到能够对标诺贝尔奖的"提名制"，将提名者从奖励评审行动者网络中独立出来，肩负起学术共同体独立提名的责任，避免与报奖人过多纠结形成同盟，客观上不受其"招募"和"动员"，从而保证国家科技奖评审过程的公开、公平、公正的原则。另一方面是推进科研诚信体系的制度化建设。建立对提名专家、学者、组织机构和评审委员、评审专家、候选者的科研诚信严重失信行为数据库。对触犯科研诚信问题的个人或组织实施"一票否决"，并加大监督惩戒力度，营造风清气正的学术环境。通过改革，让科技奖励回归对学术进行荣誉激励的初衷。改革后第一年，在奖励提名方面，2018 年国家科技奖励提名项目数量从前几年平均 1000 项左右增加到 1500 项左右，增幅约为 50%，至 2020 年，提名项目数量更是攀升至 1800 多项 [129]；但整体上看，提名项目质量参差不齐，报奖和评奖耗费科研人员大量时间精力。因此，需要坚持问题导向，注重工作实效，以调动科研人员积极性和创造性为出发点和落脚点，切实减轻评奖带来的不合理负担，才能为引导科研人员潜心研究营造良好环境，更大地激发创新活力。

从行动者网络理论的分析视角来看，2017 年国家科技奖励制度改革的出发点是打破"限额推荐制"，改变国家科技奖评审行动者网络的"强制通行点"，切中要害。但是，长期以来中国科技奖励体系形成了层级递进的纵向结构，使得提名者很难完全独立，不受其他行动者的影响。报奖和获奖实际上是一个由下向上、不断进阶的过程，即提前获得地方政府奖或学会 / 协会奖的项目，才更有资格被"提名"。因此，提名制实施后并没有克服限额推荐制的缺陷和弊端。报奖人同盟仍然需要去积极活动，招募和动员其他的利益相关者，使奖励评审行动者网络向其有利的方向扩张。提名者也并不是从网络中抽离出来，保持独立且中立的身份。实际上，中国国家科技奖的"提名制"是"提名－申报制"，与"推荐－申报制"大体类似，只是更强调了提名者的责任。提名者要"承担推荐、答辩、异议答复等责任，并对相关材料的真实性和准确性负责"。改革后实际运行的"提名－申报制"与诺贝尔奖实施的"提名制"存在本质不同，提名者很难完全保持独立、中立的身份，这与中国国家科技奖励的制度设计密切相关。提名者与报奖者之间的博弈与合谋，仍然广泛存在。实施提名制之后，大部分的评选资料仍然要求候选人自己填报、申请奖项。意味着如果候选人想要获得科技奖励，必须要用一大堆的材料来证明自己的成果[130]。因此，限额推荐制存在的弊端并没有得到根本性的解决，尤其是在国家科技奖的权威自我强化方面，并没有得到根本性的改善。

申报国家科技奖本质上是一种信用叠加或权威强化。这种权威强化机制带来的严重后果之一就是使得学会或协会的科技奖励功能与国家科技奖励发生重叠。同时，也极大地压缩了学术界或民间社会科技奖成长的空间，难以形成广泛的社会影响，以及树立应有的权威性。因此，要进一步完善我国科技奖励制度，必须从两个方面深化改革。一是要转变政府在科技管理和科技资源分配中的职能，调整国家科技奖励的社会功能。二是要从避免报奖人、报奖单位成为评审网络中最积极、最活跃的行动者的角度出发，进一步考虑如何调整网络中人类行动者、非人行动者各类要素，实现行动者网络的重构。

《深改方案》的另一个改革重点是建立"定标定额"的评审制度。"定标"是指由评审专家严格遵照评价标准评审，分别对一等奖、二等奖独立投票表决，一等奖评审落选项目不再降格参评二等奖。"定额"则是大幅减少奖励数量，三大奖总数由不超过400项减少到不超过300项。提名制实施后，虽然被提名的项目出现了大幅增加，但是在授奖指标大幅减少的情况下，使竞争国家科技奖变得更为激烈。为了获得竞争优势，报奖者寻找利益共同体，招募和动员相关行动者，以扩张行动者网络的行为也仍然在继续。《深改方案》中提出的改革措施能否起到应有的作用，多大程度上改变了原来的行动者网络，是否可以避免原有奖励制度中存在的弊端，值得深入探讨。

综上所述，国家科技奖励的评审形成了四个方面的特征：第一，报奖的过程构成了不同行动者之间复杂的网络关系，构建了报奖者必须遵循的基本规则，使得他们去研究顺利通过的基本策略。在这个行动者网络结构中，报奖人和报奖单位不断招募同盟者和动员代言人，构建和扩大其竞争优势，提高获奖的概率。第二，从限额推荐制到提名制的改革，弱化了"强制通行点"，为更多报奖人进入网络提供了机会。但是，评奖网络的运行方式本质上没有发生改变，行动者之间的网络结构仍然存在，限额推荐制下行动者之间的利益互动、招募和动员、转译的情形没有得到根本改善。第三，国家科技奖形成了自下而上递进的纵向结构，从而强化了国家科技奖的权威性，并形成一种信用叠加和权威强化，在一定程度上抑制了其他社会科技奖的发展。第四，国家科技奖权威性的不断强化，直接影响着有限的国家科技资源的分配，导致国家科技奖本来功能的异化，尤其是其功利化导向的不断增强，使科研工作者及其所在单位将获得国家科技奖作为竞争有限科技资源的重要手段。

第6章

典型国家科技奖励制度的演化及特征

    近代科学革命以来，随着科学发展成为极其重要的社会建制化分工活动，科学知识生产被纳入整个社会的价值分配体系，科学工作者也成为社会分工的一种重要职业。科技奖励作为引导和激励科学技术活动的重要机制，是激励人们从事科学研究工作的动力，其本身又是在政府、社会组织基于科学共同体对科技人员角色表现来分配承认和荣誉的制度化安排过程中不断完善的。对于一个国家来说，科技奖励制度一直是科技建制的重要方面。由政府开展的科技奖励工作的活动经费和奖金，通常都正式列入国家的财政预算或由各级政府支付。中央政府掌握着本国最高层次政府科技奖的设立与授予权，通过国家立法形式把具有本国特色的科技奖励制度确定下来，使其具有稳定性和规范性，并根据发展需要不断改革完善各项制度。随着科学技术迅猛发展，新的学科、新的技术和新兴产业群的涌现，美国、英国、法国、德国等国家根据科技发展的契机，积极建立和完善各自的科技奖励体系。这些先行世界科技强国也是创立国际科技大奖的主要国家，对支撑本国科技发展、吸引全球优秀科技人才、促进国际科技合作大有裨益。

    经过多年发展，世界各国根据自身发展不断调整科技奖励政策，科技奖励逐渐演变成一种更加复杂的、适应科学发展的制度，科技奖励的设奖渠道和资金来源也日益多样化。从设奖机构来看，除政府设立的科技奖励外，出现了由国家科研机构（科学院和工程院）、大学、民间学术团体和企业设立的科技奖励[131-132]；在奖励范围上，随着科学技术领域的拓展，执政者在建章立制上也做出了某种努力，把科学活动导向社会所需要的领域。虽然国家乃至产业界在科技奖励当中扮演了日益重要的角色，但学术共同体和个体设置的科技奖励依然保留，构成了多元化的设奖主体和多层次的奖励体系，形成功能上相互补充的科技奖励制度网络。此外，鉴于各国的经济和科技发展水平参差不齐，政治体制不同，这些西方国家形成了各具特点的科技奖励制度。我国科技奖励制度的设立晚于上述国家，探索其他国家科技奖励体系的设置和制度运行，对了解社会对科学技术的关注和支持，促进我国科技奖励制度的改革与完善具有一定意义。

6.1 美国的科技奖励系统

美国是当代世界科学技术活动的中心，也是开展科技奖励活动较早的国家。19世纪后期第二次工业革命方兴未艾，内战后的美国加快工业化进程，工业发展对新知识、新技术有着极大需求。第二次世界大战后，在《科学——无止境界的前沿》政策报告的影响下，美国迅速推动了联邦政府对科学研究特别是基础科学研究的国家支持。此后，美国在科学领域的领导地位逐渐确立，其科技奖励制度也随之不断演进，不仅展示了该国科学实力的增长，也反映了其社会价值的转变和对未来科学方向的深远影响。在这个过程中，美国不仅巩固了其作为世界科学中心的地位，而且拓展了全球科技创新的边界，激发了一代又一代科学家和技术专家的潜力。

美国设立的全国性科技奖励数量众多，主要包括四个层次：一是以总统名义设立的政府科技奖励；二是国家部委和国家科学院、国家工程院、国家科学基金会和美国科学促进会等机构设立的奖励；三是全国性学会、协会、国际知名企业面向自己系统设立的科技奖励；四是学会的下属分会、其他企业和个人设立的奖项。下面从美国科技奖励制度的演进阶段进行分析。

6.1.1 美国科技奖励制度的早期特点

美国科技奖励起源于 19 世纪。1824 年，位于美国费城的富兰克林研究所（The Franklin Institute）[①] 创立了富兰克林奖章（Franklin Medal），这是世界上历史最悠久的科学和工程奖之一，表彰在科学、工程和技术领域中做出重要贡献的个人，尤其是那些对人类生活产生显著影响的创新和发明，获奖领域包括但不限于物理学、化学、工程学、计算机科学和生命科学等。每年授予在不同科学和工程领域做出杰出贡献的科学家和工程师。富兰克林奖章不仅仅是对个人科学成就的认可，它也象征着科学探索精神的延续和对未来创新的鼓励。

研究所管辖的另一项历史悠久的奖项是约翰·斯科特奖（John Scott Legacy Medal and Premium），是约翰·斯科特在 1816 年遗赠给费城的，在他的遗愿中，

---

① 该研究所是一个以促进科学教育和科技创新为宗旨的组织，每年都会举行颁奖典礼。

他指明要设立一个奖项，以奖励那些做出"对人类舒适、福利和幸福有益的发明"的人。他希望此奖能激励人们进行技术创新，并为社会带来实际的益处。最初，该奖项由费城市议会管理，后来管理工作转交给了富兰克林研究所。约翰·斯科特奖不仅限于科学家或发明家，任何人只要提出了一个新颖的想法、设计或发明，无论其职业背景如何，都有可能被授予这一奖项。该奖项对发明的商业成功或实用性等级不做硬性要求，重要的是其对公共福利的潜在贡献。约翰·斯科特奖因其独特的历史背景和对广泛领域内创新的认可，成为科技进步和社会发展中一个有价值的荣誉。

再如 1848 年设立的艾略特·克莱森奖（Elliott Cresson Medal），以富兰克林研究所创办人之一艾略特·克莱森命名。克莱森是一位成功的商人，他对社会福祉和科学进步有着浓厚的兴趣。该奖旨在表彰那些在科学、技术、工艺或工业领域中取得突出贡献的个体或团队，特别关注那些通过实践创新或技术改进，对社会产生显著影响的成就。这个奖项不仅仅是一种荣誉，它还是对创新精神和科学研究重要性的公开承认。但是，艾略特·克莱森奖于 1998 年停止颁发。

此外，私人基金会科学学会或专业组织也是美国早期科技奖励设奖的主体，如 1872 年美国土木工程学会设立的"诺尔曼奖章"是该会的首个奖项。

20 世纪以前的美国科技奖励制度具有以下主要特点：一是奖项的资金主要来自社会社团和私人基金，美国政府对科技创新的直接奖励和激励有限。很多奖项，如艾略特·克莱森奖和约翰·斯科特奖，都是由私人基金资助的，这反映了美国民间组织和个人在推动科学技术发展中的重要作用。二是重视实用性和对社会的贡献。早期的奖励制度强调实用技术和对社会的贡献。例如，约翰·斯科特奖的宗旨是奖励那些做出"对人类舒适、福利和幸福有益的发明"的人，这种奖励方式鼓励了许多实用技术的创新和推广。三是荣誉和象征性奖励居多。与现代奖励制度相比，早期的奖项往往更多地具有荣誉和象征性质，奖励形式通常是奖章和证书。虽然这些奖项可能伴随有一定的金钱奖励，但它们更多的是一种社会认可，用于表彰个人或团队的贡献。四是强调科技成果的工业应用。19 世纪的美国经历了快速的工业化过程，在这个过程中，工业和技术创新的重要性急剧上升。因此，早期的科技奖励往往强调工业应用，奖励那些能够推动工业生产力提升的科学发现和技术。综上所述，美国 20 世纪以前的科技奖励制度强调私人和社团的作用、实用性的重要性、荣誉性质、工业应用等。这些特点共同构成了美国早期科技奖励体系的框架，也为后来更加成熟和全面的奖励制度打下了基础。

6.1.2　美国科技奖励制度在 20 世纪的演化

美国在 20 世纪设立了多个重要的科技奖项，体现了美国对科学研究和技术创新的高度重视，并在全球范围内产生了深远的影响。许多获奖者在其领域内做出了开创性的工作，推动了科学和技术的前沿进展。美国在 20 世纪发展形成的科技奖励体系大致可以分为四个层次。

第一层次是以总统名义设立的科技奖励和美国政府科技奖。美国以总统名义设立的奖项虽不多，但权威性强，涵盖了科学发现和技术发明。如费米奖、总统科学奖、国家技术与创新奖、美国政府创新奖、总统绿色化学奖、总统杰出青年奖。

恩里克·费米奖（Enrico Fermi Award），这是美国政府颁发的一项国际奖，于 1954 年设立。一般每年颁发一次，用来奖励在能源科学技术的开发、利用或控制方面取得杰出科技成就的人士。费米奖不授予单项成果，而是以候选人一生的功绩作为评价标准，予以奖励。获奖候选人由美国全国科学院院士、各科学技术学会的官员和其他有专业知识或专门特长的人士提名推荐，推荐人还包括其他国家政府机构的负责人及科学界人士。费米奖的评选与颁发工作由美国能源研究和开发署负责，最后需经美国总统的批准[133-134]。由总统和能源部部长共同签署奖状，颁发金质奖章及奖金。

美国总统科学奖（Presidential Medal of Science），也就是美国国家科学奖（National Medal of Science，NMS）。该奖项于 1959 年在第 86 次美国国会上创立，由总统根据美国国家科学基金会（National Science Foundation，NSF）的推荐颁发。该奖设立之初主要奖励在物理、生物学、数学和工程领域做出卓越贡献的个人，1980 年国会将授奖范围扩大到社会和行为科学领域[135]。国家科学奖章的设立目的是认可那些通过研究在理解科学的基础原理上做出杰出贡献、在科学教育上有显著成就，以及那些能有效地将新知识运用于科学和工程领域以提升公众福祉的人士。评奖委员会由 12 位科学家和工程师组成，是美国最高的科学荣誉，由总统颁奖，获得一枚总统科学奖章。奖励对象仅限美国公民，每年奖励一次，由国家科学奖委员会负责推荐候选人给总统，该委员会对提名主体制定了严格的资格审查制度[136]。自己不能自我提名，也不能提名自己的直系亲属或者团队。每个被提名人的有效期是三年，超过三年期限没有获得奖章的，如果还符合被提名资格的，需要重新被提名。已经获得诺贝尔奖的也有资格参评美国国家科学奖，与诺贝尔奖不同的是，离世五年之内的人也可以获得提名。该奖项每年奖励不超过 20 人。

国家科学奖章包括两个类别：一是生命科学，包括生物学、生物医学研究等领域。二是物理科学和工程，涵盖物理学、化学、数学、工程和环境科学等领域。国家科学奖章的颁奖仪式通常在白宫举行，由美国总统亲自颁发。这一仪式是对科学家们杰出贡献的公开肯定，也是强调科学对国家的重要性的一个时刻。国家科学奖章不仅是对科学家个人成就的认可，也是对整个科学领域的鼓励。它提升了获奖者的公众形象，有时可以帮助他们获取更多的研究资金。此外，奖章也促进了科学界和公众对科学研究重要性的认识，激励着新一代科学家追求卓越。国家科学奖章不仅代表着科学界的最高荣誉，也是对科学贡献的社会认可，反映了美国对科学进步和创新的强烈承诺。

美国国家技术与创新奖章（National Medal of Technology and Innovation），其前身是国家技术奖章（National Medal of Technology）。该奖项设立的依据是 1980 年美国通过的史蒂文森－惠德勒法案（Stevenson-Wyldler Technology Innovation Act），由美国商务部下属的美国国家标准技术研究院（NIST）负责组织评审。主要奖励对提升美国国家竞争力、生活标准和通过技术创新提高生活质量，以及对提高美国技术工人能力有重大贡献的个人或者机构，是美国国内最高的技术成就奖 [137]。为更好地反映奖项对创新的重视，2007 年更名为国家技术与创新奖。该奖项的目的是奖励那些公认的推进技术创新，以及将新技术带入商业化生产中起到突出作用的个人或团队。这些创新在增强美国的全球竞争力、促进经济增长和提高生活质量方面发挥了重要作用。获奖者由 NIST 旗下的国家技术与创新奖评审委员会推荐。候选人的提名可以由公众提交，包括自我提名或被他人提名。提名经过国家技术与创新奖评审委员会的筛选和推荐，最终由美国总统批准。获奖者可以是个人、团队（比如公司或部门）、合资企业或非营利组织。被提名人必须是美国公民，可以是个人或不超过 4 人的团队；被提名企业可以是营利性或非营利性的，但企业必须由美国公民占有超过 50% 的股份或财产。每年评审一次，每次奖励 10 个左右。奖项分为两个类别：一是技术成就。对那些在技术领域内取得杰出成就的个人或团队的认可。二是技术创新对社会的贡献。对那些使技术在社会上广泛应用，产生广泛影响的个人或团队的认可。美国国家技术与创新奖章是对技术领域内卓越成就的最高荣誉，它不仅表彰了获奖者的个人成就，也凸显了技术创新对社会进步的重要性。通过这种方式，奖章鼓励更多的科学家和工程师为了公共利益而投身技术创新的工作。

美国政府创新奖设立于 1986 年，奖励联邦、州和地方各级政府在解决社会公共事业，如能源储备、环境保护等方面中的开创性工作。每年奖励 1 次，项目数量不定，由哈佛大学肯尼迪行政管理系和福特基金会捐资设立。奖励形式为资助创新工程项目。

总统绿色化学奖设立于 1995 年，奖励在创建"更清洁、更便宜、更敏捷"的化学工业中有重大贡献的个人和团体，每年奖励 5 个个人或组织。由美国化学会挑选来自科研、工业界、政府、教育和环保领域专家进行评定，对环保项目进行资助。

青年科学家与工程师总统奖（Presidential Early Career Award for Scientists and Engineers），1996 年由当时的克林顿总统设立，显示政府对杰出科学家与工程师的重视，用意在于培养持续发展的栋梁之才，保持美国科技在世界上的领先地位。该奖是美国政府对年轻学者在开拓自己独立研究生涯方面的最高荣誉。每年评选一次，每次不超过 60 人获奖。2015 年以后，每年授奖已达 100 余人。奖励针对取得博士学位不久并有固定工作岗位的从事科学与技术研究的青年科学家、工程师，获奖者应是美国公民或在美永久居民。获奖者享受五年内 50 万美元的研究资助，并且终身只能获得一次。9 个联邦政府部门参与该奖的提名工作，包括农业部、商务部、国防部、能源部、卫生部、退伍兵事务部、交通部、国家宇航局、国家科学基金会。美国国家科学技术委员会负责协调相关部门实施该奖的评审。美国科学基金会、卫生部等联邦机构按照一定的比例向美国总统推荐当年各自部门的奖项候选人，由总统最后确定获奖人。

美国第二个层次的奖励是国家部委和美国科学院、美国工程院、国家科学基金会等机构设立了许多知名的科技奖项。由于其授奖机构学术地位高、权威性强，在科技界和社会上反响良好。美国第二层次设立的科技奖比较丰富，奖励对象也多，设奖方式、奖励内容各有特点。例如，美国国家科学基金会设立的沃特曼奖；国家科学院设立的伊利诺特奖、卡迪科学进步奖、分子生物学奖、航空工程奖、科学评论奖、研究创新奖、化学奖等；国家工程院设立的创业者奖、罗斯奖、戈登奖等。上述奖项中不乏企业捐设或科学家提议而设，因授奖机构学术地位高、权威性强，在科技界和社会上有广泛的影响力。

美国第三个层次的科技奖励主要是全国性自然科学学会和各州科学院设立的奖励。美国化学会、物理学会和美国土木工程学会等均设立多项奖项。另外还有 50 个州科学院及其他研究院所的奖励。

美国社会团体设立的诸多科技奖中，有些是由世界一流科技专家组成的评审委员会组织评选，具有很高的声望，奖项的评选结果得到了同行的高度认可，其社会知名度和权威性也毫不逊色于政府奖。

IEEE Medal of Honor 是由电气和电子工程师协会（IEEE）颁发的最高荣誉，用以表彰个人在电气工程、电子工程、计算机科学以及相关领域的杰出贡献。IEEE 是世界上最大的专业技术组织，旨在推动技术创新和卓越，以便造福人类。IEEE Medal of Honor 成立于 1917 年，最初被称为 IRE Medal of Honor，IRE 即 IEEE 的前身组织之一，即无线电工程师协会（Institute of Radio Engineers）。在 1963 年 IRE 与 AIEE（美国电气工程师协会）合并后形成 IEEE。此奖项是为了认可那些在电气工程、电子工程、计算机科学和信息与通信技术领域中做出的卓越贡献。IEEE Medal of Honor 授予那些在电气工程或相关领域内取得重大技术发展或新领域创新的个人。获奖者通常会在技术创新、教育、管理或对人类福祉的贡献等方面表现突出。评选标准注重实际影响，包括技术创新的普及程度、社会效益、持久影响等。IEEE Medal of Honor 不仅是对个人卓越成就的认可，也是对整个电气工程和信息技术领域的贡献者所做工作的一种鼓励和赞誉。通过这个奖项，IEEE 希望激励未来的工程师和科学家在技术创新和发展中继续推动界限，造福全人类。

图灵奖（Turing Award）是由美国计算机协会（Association for Computing Machinery，ACM）设立的一个奖项，旨在表彰对计算机领域做出"重要贡献"的个人。该奖项于 1966 年设立，并以"计算机科学之父"艾伦·图灵（Alan Turing）的名字命名。图灵是一位英国数学家、逻辑学家，他对早期计算机的发展和理论计算机科学的建立做出了巨大贡献。图灵奖被认为是计算机科学界的最高荣誉，有时被称为"计算机科学的诺贝尔奖"。图灵奖旨在认可对计算机科学做出卓越贡献的个人，尤其是那些长远影响了该领域的科学或实践方法的贡献。获奖者通常在算法、人工智能、软件工程、计算机体系结构、编程语言、硬件开发等计算机科学的各个分支做出了开创性的贡献。获得图灵奖的个人或团队必须对计算机领域有着卓越且持久的技术成就，这些成就应该是在理论上或实践上对计算机行业有着明显的推动作用。图灵奖是对计算机科学领域杰出贡献的最高肯定，它不仅表彰了个人的成就，同时也高度激励了科学家和工程师在该领域的创新和研究。获得图灵奖的个人通常被视为他们研究领域的领导者，并且他们的工作对整个计算机科学界产生了深远的影响。这些奖项体现了美国对科学研究和技术创新的高度重视，并在全球范围内产生了深远影响。许多获奖者在其领域内做出了开创性的工作，推动了科学和技术的前沿进展。

美国第四层次科技奖励是学会的下属分会、知名公司企业和个人设立的奖项，这类奖项更是无从计数。奖励的资金来自公司的自筹或公司和基金会捐款，有些仅为精神奖励。例如，拉斯克奖（Lasker Award）是美国纽约的阿尔伯特·玛丽·拉斯克基金会于 1946 年设立的一个国际科技奖，实际是个人出资的民间奖励，重点奖励在基础医学、临床医学、公共服务等方面最杰出的科技精英，授奖对象不限国籍。据统计，自该奖项设立 70 多年来，已有 80 余位"拉斯克奖"得主获得了诺贝尔奖。1996 年又增设了医学特别成就奖和公共服务奖。

虽然美国科技奖励从表面上看有四个层次，但实际上科技奖励没有级别和高低之分，不管是政府科技奖还是社会科技奖，基本上由学术团体和咨询机构组织评定，主要靠奖项自身形成的影响和权威说话。

综上所述，伴随着美国崛起为世界科学中心，美国科技奖励制度不断演化和逐步完善，直接推动了美国科技的繁荣发展。从美国总统科技奖和政府科技奖来看，涵盖了科学发现、技术发明、科技进步等方面，既有终生成就奖的费米奖，也有鼓励后备人才的青年总统奖。值得注意的是，虽然上述奖励以总统或政府的名义设立，但政府对这些奖励的评审过程并不进行控制，委托相关部委或科学家组成的评审委员会进行评选，总统和其他国家政要在颁奖时出席，表达政府对相关评审组织评审结论的信任和肯定。由于政府力量并不直接介入科技奖励的评选过程，因此，严格意义上来说，美国政府科技奖更多是名义上的。即便是政府科技奖，其奖励资金来源不一定是财政，也有社会捐赠，如美国政府创新奖。伴随着冷战的开始，美国科技奖励制度开始强调国防和太空竞赛中的创新。科技奖项不仅奖励科学发现，还奖励那些对国家安全和全球竞争力有重大贡献的技术进步。美国作为一个创新型国家和世界科学中心，在科技奖励方面非常重视突出社会发展和科技创新的需要。因此，美国民间科技奖励（非政府科技奖）的数量和种类获得了长足的发展。

6.1.3　美国科技奖励制度在 21 世纪的新特点

21 世纪，美国的科技奖励体系进一步演化，反映了新的全球化趋势、社会责任，以及科技对经济和日常生活影响的认识。奖项更加注重创新的商业化潜力、社会影响力以及跨学科领域的合作研究。此外，随着科技领域多样性和包容性的提升，奖励机制也在努力反映这些价值观。私人资本在激励科技创新方面发挥着越来越重要的作用，而公众参与和科学传播也成为评选标准的一部分。

美国设立了许多新的科技奖项，以表彰在科学与技术领域的杰出贡献，有的是美国政府新设的，有的是不同组织和个人发起的，体现了美国鼓励科技创新和表彰科学成就的文化。例如，"科学突破奖"（Breakthrough Prize）最具代表性，由科技企业著名投资人尤里·米尔纳（Yuri Milner）夫妇于 2013 年设立，现由 Facebook 的创始人马克·扎克伯格和他的妻子普莉希拉·陈、谷歌的联合创始人谢尔盖·布林、阿里巴巴集团的合伙人马云、企业家尤里·米尔纳及其妻子茱莉娅，以及基因技术公司联合创始人安妮·沃西基等知名实业家赞助。

"科学突破奖"主要针对三大领域：第一，基础物理学，旨在表彰在基础物理学领域的重要发现、成果或贡献。该奖项有时授予个人，有时授予一个团队，如 LIGO 的引力波探测团队。第二，生命科学领域，旨在表彰在生命科学领域对治疗疾病和延长人类寿命做出贡献的研究。每年颁发最多五个奖项。第三，数学领域，旨在表彰在数学领域有重大贡献的个人。这个奖项是为了认识到数学作为科学语言和抽象思维的基础的重要性[①]。以上每个领域的单项奖金高达 300 万美元，因如此高额的奖金，被称为"豪华版诺贝尔奖"。为了提高公众对科学成就的认识，并鼓励对未来突破的追求，"科学突破奖"以一种与娱乐业类似的方式来庆祝科学家的成就，包括通过在电视上直播颁奖仪式这样的活动，因此又得名"科学奥斯卡奖"。

除了上述年度奖项，Breakthrough Prize 还设立了一些其他的奖项，比如"New Horizons in Physics Prize"和"New Horizons in Mathematics Prize"，这些奖项专门用于表彰早期职业阶段的承诺研究人员，"Breakthrough Junior Challenge"则是为了鼓励青少年进行科学传播和创意表达。总体而言，"科学突破奖"展现了科学界对于公众认识和对于杰出科学家的价值与成就的重视。通过提供高额的奖金和公众认可，"科学突破奖"希望激励新一代科学家追求科学研究，为人类知识的进步做出贡献。

21 世纪美国新设立的科技奖项，以及整体科技奖励制度，反映了一些新的趋势和特点。以下是一些显著的特征：一是新的奖项更加强调性别、种族和文化背景的多样性。例如，"格蕾丝·霍珀计算机女性庆典"（Grace Hopper Celebration of Women in Computing）是世界上最大的女性技术专家聚会。它由安妮塔·博格研究所（Anita）设立，并与美国计算机协会合作提出，是专门为了表彰女性在计算机科学领域的成就而设立的。二是设奖资金得到了私人资本的支持。私人企业和企业家在奖励制度中的角色越发重要。"科学突破奖"则是由许多硅谷亿万富翁创立，奖金数额远超传统科学奖项。三是鼓励跨学科和合作研究。新的奖项体系鼓励跨学科的合作。科技发展的复杂性要求不同领域的专家共同合作，以解决更加复杂的问

---

① www.breakthroughprize.org。

题。四是支持青年科学家和创业者的支持。为了鼓励年青一代的科学家和技术创业者，新的奖励机制专门为他们设立了奖项。例如，Forbes' 30 Under 30 list 表彰 30 岁以下的创新者。五是国际化奖项增多。科技奖项逐渐国际化，许多奖项不限于美国国籍的科学家，而是面向全球，以表彰全世界范围内的科技成就。

6.1.4　基于美国历史背景的反思

自 20 世纪 20 年代开始，美国成为世界科学中心。促成的因素有多种。其一，经济繁荣为科学研究提供了资金。例如，第一次世界大战结束后，美国经历了快速的经济增长，被称为"咆哮的二十年代"。这一时期的经济繁荣为科学研究提供了资金支持，使科学和技术得以快速发展。其二，高等教育和研究机构的发展。美国大学和研究机构，如哈佛大学、麻省理工学院和约翰霍普金斯大学等，开始建立起强大的研究基础设施和博士后教育体系。这些机构吸引了世界各地的人才，成为科学研究的重要基地。其三，政府投资与政策支持。特别是在第二次世界大战期间和战后，美国政府在科学研究中的投资日益增加，如曼哈顿计划和随后的冷战期间的太空竞赛。这些项目不仅推动了科技的快速发展，也将美国置于世界科学的前沿。其四，第二次世界大战后的科学家移民潮。在纳粹统治下的欧洲，许多杰出的科学家，包括爱因斯坦、费米等，逃离欧洲来到美国。这使美国科学界的实力大幅增强。其五，独特的创新生态系统。美国的创新生态系统鼓励风险投资、创业精神和知识产权保护，这为科技创新提供了肥沃的土壤。其六，文化因素。美国的文化鼓励个人主义、竞争和自由，这些文化因素促进了创新和科学探索。其七，全球化浪潮的推动作用。随着全球化的加速，美国利用其地位吸引全球人才和资源，进一步加强了其作为科学中心的地位。综上所述，经济、政治、社会和文化等多方面因素相互作用，促使美国在 1920 年后成为世界科学中心，并继续保持这一地位至 21 世纪。

美国科技奖励制度的这一演变，不仅展示了该国科学实力的增长，也反映了其社会价值的转变和对未来科学方向的深远影响。在这个过程中，美国不仅巩固了其作为世界科学中心的地位，而且拓展了全球科技创新的边界，激发了一代又一代科学家和技术专家的潜力。美国成为世界科学中心与其科技奖励制度之间存在一定的关系。科技奖励制度在激励科研人员的创新、表彰杰出成就、促进科学交流、增加公众对科学的关注以及推动科学文化的发展等方面起着重要的作用。总结来说，美国的科技奖励制度与其成为世界科学中心的地位是相辅相成的。一方面，作为世界科学中心使美国能够建立起一套全面的科技奖励体系；另一方面，这一奖励体系又进一步巩固了美国在全球科学研究中的领先地位。通过这样的循环相互作用，美国的科学和技术创新得到了有效的推动和持续的发展。

总体而言，美国科技奖励制度强调公众参与、社会影响、多元化和跨学科合作，同时也反映了私人部门在科技创新和奖励方面的日益增长的作用。美国科技奖励制度具有以下特点：一是科技奖励以科技人员为奖励对象，充分体现科技奖励的权威性和荣誉性，但科技奖励不与福利项目（如晋升、加薪等）等相联系。二是奖金来源多元化、奖项全面，几乎涵盖所有学科，包括从事科学史研究的科学史奖"萨顿奖"（美国科学史学会设立），涉及科学新闻或传播的各类科技新闻奖（美国科学促进会设立），涉及科学普及或公众理解科学的"公众理解科学奖"（美国科学促进会设立）和"公众服务奖"（美国国家科学理事会设立）等。三是科技奖励在设置和运作上具有多样化的特点，形成多层级、多元化的科技奖励制度网络。当前，美国设立的科技奖励难计其数，有面向全球性的科技奖励、有政府和社团设立的面向全美的奖励，也有学会、协会、企业面向自己系统的科技奖励，但奖项之间内容不重复，有各自的特点。政府科技奖更多是名义上的，以总统或政府名义颁发或评选的科技奖，实际上政府并不介入这些奖项的评审过程，评选主体委员会主要是科学家组成的学术共同体。四是科技奖励的层次区分取决于该奖项在科学共同体中的影响力，而不取决于设奖的主体是政府或者民间。因此，美国非政府科技奖励可以根据科技发展和实际需要设置许多新的奖项，使美国社会科技奖获得了长足的发展，涵盖了科技发展的方方面面。

6.2 英国的科技奖励系统

6.2.1 英国早期科技奖励制度

英国是历史上最早开启科技奖励制度的国家之一。英国皇室和政府设立的科技奖励很少，英国科技奖励体系主要是建立在各大学术机构和大型专业学术团体上，民间科技奖励发达。早在 1714 年，英国政府为寻找能准确确定经度的方法，设立了伦敦经度奖（Longitude Prize）。虽然这不是一个常规性的科学奖项，但该奖项的设立吸引了众多科学家和发明家，包括约翰·哈里森（John Harrison），他的精密计时器极大地改进了海上导航。

英国皇家学会设立的奖项属于民间科技奖，鉴于英国皇家学会的性质和地位，其设立的奖项也成为英国最具权威性、代表性和影响力的奖项。英国皇家学会成立于 1660 年，是世界上历史最悠久且从未中断过的科学学会，开启了科学的社会建制化的先河，是专业化科学的代表，将"为科学而科学"（science for its own sake）作为科学家高度重视的一种理想。同时，在科技治理方面，强调科学共同体的自治权，拒斥共同体外的成员以任何方式进行干预。皇家学会虽然接受政府资助，但它是独立运行的科学机构，是英国最高科学学术机构，集中了众多世界一流的科学家，在全世界享有很高的声誉。

皇家学会设立的奖项共 29 个，覆盖了各个学科领域。其中，设立于 1731 年的科普利奖章（Copley Medal）是英国最早的科学奖项，也是世界上现存最古老的科学奖项，比诺贝尔奖还早 170 年。该奖项在长达几个世纪的时间里一直是科学界最负盛名的荣誉之一。科普利奖章最初是为了奖励在任何科学领域的杰出科学成就，随着时间的推移，这个奖项已经表彰了无数科学家的杰出贡献，一些著名科学家，如本杰明·富兰克林（Benjamin Franklin，1755 年）、亨利·卡文迪许（Henry Cavendish，1766 年）、迈克尔·法拉第（Michael Faraday，1832 年，1838 年）、查尔斯·达尔文（Charles Darwin，1864 年）、阿尔伯特·爱因斯坦（Albert Einstein，1925 年）、马克思·普朗克（Max Planck，1929 年）等均获得过科普利奖章。另一个非常著名的奖项是皇家奖章（Royal Medals），有时也被称为"皇家学会奖章"，是由英国君主赞助的一系列奖项，设立时间可以追溯到 1825 年，由国王乔治四世（King George Ⅳ）建立。最初皇家奖章每年颁发两次，分别奖励在物理和生物科学领域取得突破性进展的科学家。自 1965 年起增加至 3 枚，增加了一枚颁给应用科学领域的基础科学家[138]。获得此奖项的科学家通常是在其领域内取得重要进展的研究者，包括理论和实验工作。颁发皇家奖章的具体程序通常由皇家学会负责。其他久负盛名的科技奖励还有 1738 年首次颁发的克鲁尼安奖章（Croonian Medal），颁发给生物科学领域的突出贡献者；1775 年设立的贝克尔奖章（The Bakerian Medal and Lecture），颁发给物理科学领域做出杰出贡献的科学家；1877 年设立的戴维奖章（Davy Medal），颁发给化学领域做出杰出贡献的科学家；1890 年设立的达尔文奖章（Darwin Medal），颁发给在生物学领域做出杰出贡献的科学家；1901 年设置的休斯奖章（Hughes Medal），颁发给能源领域的突出贡献者，等等①。这些设立于 18—19 世纪的科技奖项是英国推动科学事业建制化发展历程上的重要举措，

---

① 英国皇家学会设立的奖项参见链接：https://royalsociety.org/grants-schemes-awards/#。

通过奖励的方式对科学成就予以认可，是推动科学发展的手段，它们反映了当时社会对科学和技术进步的重视以及对知识和创新的巨大尊敬，这对当时及之后在对科学家及其研究工作的认可和提倡方面发挥了重要作用。

此外，英国还有全国性科技专业学会、协会几十个，设立了众多专业学科领域的奖项，覆盖领域全，权威性都很高。例如，英国物理学会是英国最大，也是世界著名的物理学专业团体，在全球有 5 万余名会员。英国物理学会授予的奖章有学会主席奖章（President Medal）、艾萨克·牛顿奖章（Isaac Newton Medal and Prize）、国际奖奖章（International Medal）、金质奖章（Gold Medal）、银质奖章（Silver Medal）、铜制（早期职业）奖章（Bronze Early Career Medal）等 11 种奖项[①]。奖项主要反映物理学界的最新工作，涵盖学术研究、产业发展、物理教育和支持学术事业起步的青年科学家等内容，奖项类别广泛，每年在物理学年会上举行颁奖仪式。许多奖项以物理学界著名科学家名字命名，奖章上是物理学家的形象，对获奖者起到很好的激励作用。又如英国皇家天文学会（Royal Astronomical Society，RAS）1824 年设立的戈德奖章（Gold Medal of the Royal Astronomical Society），这是天文学和地球科学领域的一个极为重要的奖项，自设立以来，每年都会吸引全球科学界的关注。总的来看，英国科技奖励体系以民间社会科技奖励为主，这些经过业内德高望重的科学家评选出来的奖项，历史悠久，影响深远。

英国早期科技奖励制度主要有以下特点：一是由皇家学会等学术机构主导。英国的科技奖励制度很大程度上由皇家学会这样的学术机构主导，这反映了学术机构在推动科学进步和表彰科学成就中的核心作用。二是面向个人成就设奖。早期的奖项往往强调个人对科学的贡献，而不是团队或组织的成就，这反映了当时科学研究的个体化特点。三是奖项的设置具有一定的政治和社会目的。例如伦敦经度奖的设立，就是为了解决当时英国海军在全球航海中遇到的实际问题，即准确确定航海经度，这显示了奖励制度与国家利益和社会需求紧密相连。

6.2.2 英国科技奖励制度在 20 世纪的发展

在 20 世纪，英国科技奖励制度向着多元化的方向不断发展。1965 年，英国政府设立了"女王奖励计划"（Queen's Award），该奖下设女王杰出成就奖、女王技术奖和女王环境奖等奖项。该奖没有奖金，只是精神鼓励，但获奖者可享有使用女王

---

① 参考英国物理学会奖章：www.iop.org/about/awards。

奖标志作为广告等特权，有很大的激励作用。为了鼓励英国经济的发展，1965 年
11 月 30 日，英国皇家授权设立了"女王工业奖"（The Queen's Awards to Industry），
该奖是英国最负盛名的商业奖项，该奖项不授予个人，只授予作为一个整体的机构
和团体。获奖标准是在全球贸易、创新、可持续发展或促进机会四个方面任一表现
非常出色的英国企业和其他组织。1975 年更名为"女王外贸与技术奖"（Queen's
Award for Export and Technology），1999 年继而更名为"女王企业奖"（Queen's
Award for Enterprise）。迄今为止，已有超过 7000 个企业获此殊荣。申请过程由商业、
能源和工业战略部的女王奖励办公室管理，获奖者将在 4 月 21 日女王生日当天向
全国和地区媒体公布，奖项有效期为 5 年。获奖者将被邀请参加皇家招待会，并由
女王的代表之一郡尉到公司场所颁发奖章、获奖证书和纪念水晶奖杯。获奖单位可
以在公司总部悬挂女王奖旗帜，并在营销材料（例如产品包装、广告、文具和网站）
上使用该奖章。获得该奖的企业有助于获得全球认可、提高商业价值、获得更多关
注和提升员工士气等[1]。

1974 年，针对当时世界出现的第一次能源危机，英国皇家学会和 ESSO 石油有
限公司设立了能源奖，奖励在能源开发和节能方面做出贡献的科技人员，获奖者可
获得一枚金质奖章和 2000 英镑奖金。1986 年，英国设立了迈克尔·法拉第奖，旨
在鼓励科学家为进一步促进科普教育做出贡献，奖金为 1000 英镑。1988 年，英国
皇家学会科普教育委员会、英国科学促进会等单位共同设立朗 – 普伦斯科学书籍奖，
分为普通奖和少年奖，奖金为 10000 英镑。

20 世纪 90 年代，为促进英国的科学技术发展。1993 年，英国政府为推进基础
性科学研究和前瞻性战略研究及面向 21 世纪的科技发展，设立了种子奖——实现
我们的潜力奖，仅 1996 年颁发奖金就达 1840 万英镑（当时相当于人民币 2.4 亿元），
该奖有十分明确的研究项目的创造性、新颖性和技术可行性标准。此外，为了促进
科学技术转化为实际应用，服务于国家发展。英国政府还设立了科学与工程合作
奖、工业与学术界合作奖、技术转让奖等，如 1994 年推行"潜力奖"，以推进基础
性科学研究和前瞻性战略研究；1994 年启动"发掘我们的潜力"奖励计划，促进产
业界与大学双方科技人员之间的交流与合作；1998 年推出"预测—联系"奖励计划，
鼓励企业与研究机构、大学针对市场需求联合创新，进而推动科技成果向产业界的

---

① The King's Awards for Enterprise. kingsawards.blog.gov.uk/2021/07/21/everything-you-need-to-know-about-the-queens-awards-for-enterprise/。

转移[139]。

这一时期，英国的科技奖励制度经历了显著的发展，反映了科学研究的演变、科技在社会中的角色以及对科研成果认可方式的更新。科技奖励制度呈现以下主要特点：一是更加专业化、细分化。随着科学和技术的发展，科技奖励系统变得更加专业化和细分化。不同的学科领域开始设立自己的奖项，以表彰在特定领域内的杰出贡献，如化学、物理、生命科学、工程等。二是增加了面向团队和组织的奖项。20世纪科学研究的性质变得更加合作和跨学科，因此，奖励制度开始更多地表彰团队工作和合作研究，而不仅仅是个人成就。三是奖项设立体现了国际化。科技奖励制度变得更加国际化，不仅英国科学家，世界各地的科学家也能获得英国的科学奖项，如皇家学会的奖项开始更频繁地颁给非英国公民。四是增加公众参与和科学传播奖奖项。为了提高科学的公众理解和鼓励科学传播，新增了一些奖项专门表彰在科普和科学教育方面的贡献。五是科技奖项的设立与经济发展相结合。特别是到20世纪的后半叶，英国的科技奖励体系与国家的经济战略更加紧密结合，表彰那些对经济和社会有显著影响的科技成果。这些变化显示了科学界的发展趋势以及科技对社会和文化的深远影响。英国的奖励制度适应了这些变化，以维持其在国际科学界中的重要地位。

6.2.3 英国科技奖励制度在 21 世纪的新特点

进入 21 世纪之后，英国的科技奖励制度呈现新的时代特色。英国针对科技领域设立了一些新的奖项，以表彰在各个科学技术领域内的卓越成就和推动创新。例如伊丽莎白女王工程奖（Queen Elizabeth Prize for Engineering，简称 QEPrize），是一个国际工程技术领域的奖项，旨在表彰对全球工程进步做出重大贡献的个人或团队。QEPrize 设立于 2011 年，由英国政府和工程界的领导者共同提议设立，以提高公众对工程学的认识，并激励年轻人追求工程学的职业。该奖旨在奖励工程师对人类生活的巨大贡献并提升工程领域的国际地位。奖项的奖金高达 100 万英镑，是世界上最大的工程奖项之一。每两年颁发一次，对全球范围内的工程师或工程团队开放，不限国籍。奖励领域涵盖工程的所有领域，包括土木、电子、机械、化学和软件工程等。由一组国际评委会对提名进行评审，评委会由世界各地的著名工程师、科学家和发明家组成。该奖项旨在成为全球工程成就的最高荣誉。鼓励年轻人考虑工程作为职业生涯，激发对工程学的兴趣和热情；提高公众对工程学及其对社会、经济和文化发展贡献的认识；表彰在多学科合作项目中的创新和卓越。QEPrize 不仅是对获奖者的认可，同时也是对工程师和工程项目对社会的巨大影响的一种肯定。又如于 2003 年设立的弗朗西斯·克里克奖章（The Francis Crick Medal and Lecture），是由英国皇家学会设立的一个奖项。该奖项每年颁发一次。主要奖励在生物科学领域，特别是在遗传学、分子生物学和神经科学领域取得杰出科研成果的科学家，特别面向那些在早期职业阶段表现出色的研究者。奖项通常包括一枚奖章和一笔奖金，并邀请获奖者在皇家学会做一次公开讲座。该奖项面向年轻科学家。与许多其他奖项表彰一生科研成就不同，克里克奖章特别关注在早期职业阶段做出的突破性工作。奖项的设立旨在促进科学交流。通过公开讲座的形式，奖励活动促进了获奖者和公众之间的科学交流，增加了科研工作的社会影响力。再如 2003 年英国皇家学会设立的罗莎琳德·富兰克林奖章（The Rosalind Franklin Award and Lecture）。奖项旨在奖励和支持在科学、技术、工程和数学（STEM）领域取得杰出成就的女性，同时促进性别平等并激励女性从事科学职业。此奖项不仅颁给已经取得成就的女性科学家，还旨在促进她们更进一步的学术发展和研究。罗莎琳德·富兰克林奖章是对女性科学家的重要认可，它不仅颁给在科学研究上取得显著成绩的女性，还强调了性别多样性和平等在科学界的重要性。通过这个奖项，英国皇家学会展示了其对促进性别平等和支持女性科学家的承诺。

英国科技奖励制度在 21 世纪呈现如下新特点：一是面向跨学科合作的科学成就。许多奖项鼓励并表彰跨学科和跨领域的研究工作。二是强调国际化和全球贡献。奖项越来越强调国际合作和全球贡献，反映出科学研究的国际性。三是奖项带有社会和伦理特色。奖项的设立越来越考虑科技进步对社会和环境的影响，以及科技应如何更加负责任地服务于社会。四是面向创新与商业化。奖项的设立不仅面向学术研究，还有创新的商业应用，反映了研究成果向市场转化的重要性。总体而言，英国 21 世纪科技奖励制度的新特点反映了科技界以及社会对科学研究的新期待和价值观，即科研不仅要在学术上取得突破，还应促进国际合作、支持可持续发展、鼓励多样性并对社会产生积极影响。

6.2.4 基于英国历史背景的反思

英国在 1660—1750 年成为世界科学中心，这一现象的成因是多方面的，涉及社会、经济、政治和文化等多个层面：一是知识分子的网络的形成。在这一时期，英国出现了一批卓越的科学家和知识分子，例如艾萨克·牛顿、罗伯特·胡克和约翰·弗莱明等。他们之间形成了互动的网络，共享信息，开展合作，推动了科学知识的积累和传播。二是科学机构的建立。1660 年成立的英国皇家学会是一个重要的里程碑，它提供了一个科学研究和讨论的平台，促进了科学研究的专业化和制度化。皇家学会的成立象征着科学从业者社群的正式诞生，并且推动了科学方法的标准化和科学研究的正规化。三是开明的知识环境。英国在这一时期对知识的探索持开放态度。相比其他国家，英国在宗教和意识形态对科学探究的限制较少，这为科学家提供了更为宽松的研究环境。四是工业革命的兴起。在 18 世纪，随着工业革命的开始，英国迫切需要新技术来提高生产力。这使科学研究得到了资金和社会的支持，因为科学成果能够直接转化为工业和军事上的优势。五是经济和帝国的扩张。经济增长和大英帝国的扩张为科学提供了资金和新的研究领域。殖民地资源的流入和全球贸易的增长为科学探究和实验提供了丰富的材料和动力。六是教育制度的发展。大学和学院的建设，尤其是牛津大学和剑桥大学的发展，提供了高水平的科学教育，培养了一代又一代的科学家。七是印刷技术的改进和期刊出版的普及，如《哲学汇刊》（*Philosophical Transactions*），促进了科学发现的记录和快速传播。八是政治稳定和社会支持。相对稳定的政治环境和开放的社会结构为科学研究和探索提供了支持，使得科学家能够专注于研究，而不必过度担忧政治动荡或社会不安。因此，英国在这一时期成为世界科学中心是其社会结构、政治制度、经济发展和文化氛围共同作用的结果。这一时期的科学成就为后来的技术进步和现代工业社会的建立奠定了基础。

英国作为科学的全球中心，其历史悠久，对现代科学的发展起到了关键性的作用。从牛顿的经典力学到达尔文的进化论，英国科学家的贡献为科学奠定了坚实的基础。20 世纪前，英国的科学成就主要得益于个人的独立探究和贵族或私人组织的资助，科学奖励制度尚未形成规模化和制度化。然而，随着工业革命的推进和科学在国家发展中作用的增强，英国开始意识到科学研究和奖励制度的重要性。进入 20 世纪，随着科学技术的飞速发展，英国政府和科学机构开始正式建立奖励制度，以表彰杰出的科学贡献，激励研究者的创新精神，这些制度对科学界的影响至今犹存。20 世纪的两次世界大战更是加速了科技的进步，英国在这一时期涌现出多位科学巨人，他们的发现和发明在塑造现代世界中起到了决定性的作用。进入 21 世纪，随着全球化和信息时代的到来，英国的科技奖励制度更是呈现出前所未有的国际性和多元化。英国皇家学会和其他科学机构不断推动科学研究的边界，丰富的奖项体系不仅承认了科学研究的卓越成果，还反映了对科研道德、性别平等、跨学科合作以及年轻科学家培养的重视。在这样的背景下，奖项如罗莎琳德·富兰克林奖章等的设立，不仅是对科学成就的认可，更是对科学界多样性和包容性的推动。如此，英国科学奖励制度的演化不仅见证了其科学传统的延续，也展示了英国在全球科学舞台上的领导力和影响力。

科技奖励制度与英国在1660—1750年成为世界科学中心之间存在一定的关系。奖励制度通常是为了鼓励和表彰在科学与技术领域内的创新及卓越成就。在这段时期内，英国的科技奖励制度对科学的发展起到了以下几个重要作用：

一是激励研究与创新。科技奖励制度可以激发科学家和工程师的创新动力，鼓励他们追求更高的成就。在英国，通过金钱奖励、荣誉称号授予或是学术地位的提升等方式，吸引更多的人才投身于科学研究。二是聚焦重要领域。通过设立特定领域的奖项，科技奖励制度可以引导研究和资源投入国家或社会认为重要的科学问题上。在英国，这可能表现在提升导航技术、改进工业制造过程或医学等领域。三是提高社会认可。科技奖励提高了社会对科学家工作的认可和尊重。例如，科学成就被皇家学会认可或获得政府的表彰，可以显著提升科学家的社会地位，增加公众对科学的兴趣和支持。四是提高国际声誉。设立国际公认的奖项，如皇家学会的科学奖项，能够提升国家的科学声誉，吸引国际上的科学家与英国的科学界合作和交流，从而促进科学知识的国际传播。五是提供资金支持。奖励制度常常伴随着对科学研究的资金支持。在此期间，英国政府和私人资助者可能通过奖励制度为科学家提供研究经费，这对实验或理论研究的开展至关重要。六是标准制定和实践推广。奖励那些创新实践和制定标准的研究，有助于推广这些标准和实践，如科学论文的写作格式和研究方法的标准化，这些都在英国得到了广泛的推广。

6.3 法国的科技奖励系统

从18世纪末开始，随着启蒙运动的兴起和科学革命的推进，法国继英国之后逐渐成为世界科学的中心（1760—1840年），其背后的文化资源是影响深远的启蒙运动，由此理性主义成为现代人的思想标配。伴随着巴黎科学院的影响力增强以及诸如拉普拉斯、拉瓦锡和傅里叶等科学巨人的出现，法国建立了一个以科学探索和精确度为核心的文化环境。法国在科学领域设立了许多的专门奖，其科技奖励没有严格的国家级、部级、基层级的奖励系列之分。各级政府部门、各科研机构、高等院校、企业可以根据自身发展需要制定相关奖励，其中最著名、代表国家最高研究水平的是国家科学研究中心年度奖。国家科学研究中心年度奖1937年10月7日根据国家法令建立，于 1954 年恢复颁奖，每年评审一次，分为金奖、银奖和铜奖。金奖为法国国家级研究的最高荣誉奖，授予一位在某一学科中充满活力并取得重大科研成果的科学家；银奖授予从事国内和国际公认的、具有独创性的、高质量的重要研究工作的多名科学家；铜奖用来鼓励研究人员进行有开拓性并初见成果的研究工作，通过这种研究工作使研究人员成为本领域中的专家[140]。法国的科技奖励制度发展到今天，得益于政府的强有力支持和社会对知识与进步的高度尊重。

6.3.1　法国科技奖励制度的早期特点

法国是设立科技奖励制度最早的国家之一。法国最早设立并具有较大影响的科技奖励制度之一是法国科学院的奖项体系。法国科学院（Académie des Sciences）成立于 1666 年，是法国乃至世界上最早且最著名的科学机构之一。它设立了多种奖项来表彰在数学、物理学、化学、生物学等多个科学领域内取得显著成就的科学家。其中，非常有名的是法国科学院的金质奖章（Médailles d'or de l'Académie des sciences），该奖项是法国科学界的最高荣誉之一，每年颁发一次，用以表彰受奖者在其研究领域内所做出的杰出和创新性贡献。这个奖项自 1699 年设立以来，一直是法国乃至国际科学界的一个标志性奖项。设立于 1780 年的蒙田奖（Prix Montyon），由法国科学院管理，旨在奖励医学和公共卫生领域的成就。沃尔特奖（Prix Volta）设立于 1801 年，奖项以意大利物理学家亚历山德罗·沃尔塔（Alessandro Volta）的名字命名，沃尔塔是电池的发明者，对电学的发展做出了巨大贡献。该奖项旨在奖励电学领域的科学成就。

从法国早期设立的科技奖项来看，其奖励制度呈现如下特点：一是学术与文化并重。早期的法国奖项体现了法国对学术研究、科学发展和文化成就的高度重视。例如，法国科学院的各种奖项鼓励了天文学、物理学、化学等领域的发展。二是设奖资金大多来自慈善家与赞助人。法国早期的许多奖项是由富有的慈善家或赞助人建立的，他们通过遗赠或捐赠的方式设立基金，用以长期支持特定领域的奖励制度。例如，蒙田奖和吕尼奖都是由个人的捐赠设立的。三是法国的奖励制度往往与学院制度紧密相关。法国早期的奖项通常由学术机构管理和颁发，如法国学院（Académie française）和法国科学院。这些机构负责奖项的管理、评选标准的设定以及获奖者的选定。四是奖项具有荣誉与资助并重的特点。奖项既有荣誉性质，用于表彰个人或团队的卓越成就，同时也具有资助性质，提供金钱奖励以资助获奖者继续进行研究。五是国际开放性。尽管早期的奖项由法国机构设立，但许多奖项对国际学者和科学家也是开放的，例如沃尔特奖也会授予法国之外的科学家，体现了法国学术界的国际视野和对外交流的重视。

6.3.2　法国科技奖励制度在 20 世纪的发展

法国科技奖励制度在 20 世纪发展形成了全面性、多样性并重的科技奖励体系。这些奖项不仅对法国内部的科研产生影响，也在国际科学界中发挥着重要的作用。例如菲尔兹奖（Fields Medal）。虽然这个奖项是由国际数学联合会于 1936 年设立的，但是它的灵感来自法国数学家安德烈·韦伊的提议，并且首次颁发是在 1936 年的国际数学家大会上，这次会议是在挪威奥斯陆举办的，但菲尔兹奖与法国学术界关系密切。这个奖项被视为数学界的诺贝尔奖，每四年颁发一次，奖励 40 岁以下的杰出数学家。奖项旨在奖励在数学界已经完成的表现出创造性和卓越成就的工作，以及预期未来将继续产生影响的研究。菲尔兹奖章正面是阿基米德的头像，并刻有他的名言："Rise above oneself and grasp the world"（超越自我，把握世界）；背面则刻有获奖者的名字以及国际数学家联盟的标志。菲尔兹奖的获得者在数学界具有极高的声望，这个奖项不仅表彰了他们的科研成就，也为他们带来了广泛的认可和更多的研究机会。又如 CNRS 金质奖章（CNRS Gold Medal），由法国国家科学研究中心（CNRS）于 1954 年设立了这个奖项，以表彰对科学做出杰出贡献的个人。每年都会颁发给一名或多名科学家，以表彰他们在其研究领域内取得的卓越成就。这是法国最高的科学奖项之一。CNRS 覆盖的研究领域非常广泛，包括自然科学和社会科学等，如物理学、化学、生物学、数学、地球科学、工程学、社会学和人文学科等。因此，历年的金质奖章得主来自不同的学科。

法国的科技奖励制度与科研人员评职称、科技项目经费划拨是截然分开的，仅仅是鼓励科技创新、奖励科技人员的一种激励手段，而且法国的科技管理制度虽然带有明显的政府集中干预特征，但在科技奖励方面却实行了典型的市场经济模式，体现出明显的分散性，没有系统的、层次鲜明的科技奖励体制，各个奖励之间互相独立，不存在各种科技奖励之间森严的行政隶属关系 [141]。法国在 20 世纪形成的科技奖励制度具有以下特征：

第一，人物奖多于成果奖。例如，最负盛名的法国国家科学研究中心设立的金、银、铜奖章，法国科学院每年平均 95 个奖和资助都是颁发给个人的。人物奖是对累积成果的奖励，一般都经过了检验，评奖过程相对公正。

第二，自然科学奖多于应用成果奖，对应用成果奖不给予特别的重视。自然科学奖主要针对基础研究进行奖励，其数量多体现了法兰西民族崇尚科学的传统，也是欧洲国家与美日两国的奖励制度方面的区别之一。法国对应用成果的奖励绝大部分在企业内部完成，很少采取企业外的奖励形式，而是依靠专利制度以及系统的晋级制度达到对科研人员的奖励、激励效果。

第三，民间奖多于政府奖。即使是政府奖，其评审也采用了同行评议制，政府并不介入。

第四，纯精神奖励很多。比如科研中心的金、银、铜大奖，法国大金质奖章等。很多纯精神的奖励都是相应领域内相当高规格的，被全社会高度认同，这一方面体现了科研人员对真理的追求，以及科学研究活动的纯粹性和高尚性，同时也体现出科研人员不仅有充足的个人物质生活保证，而且其研究需求也有完善的支持体系，并不依赖科研奖金，减少了评奖的弊端。以法国科学院为例，在其章程中明确规定了科技奖励的一般程序。评奖委员会由科学院会员组成，涉及应用方面的大奖，评奖委员会则由科学院会员和其内部的应用委员会成员共同组成。评奖委员会属临时性机构，由科学院执行局（由院长、副院长、两位终身秘书组成）在征求各学部意见后推荐初步名单，再经过科学院内部的秘密委员会选举产生最终成员，每年选举一次。评奖委员会按照研究领域分成若干专业评选委员会，各委员会平均每年召开2～3次会议进行评选。评选委员会召开会议需要达到法定人数的2/3才算有效，形成评委会最终意见，并送交科学院的秘密委员会。秘密委员达到法定人数的40%即可进行表决，确定奖项的归属[142]。

第五，法国政府把科技评估作为政府科技管理的重要环节，并做出了法律规定。例如，1985年法国政府颁布法令（第85-1376号），从法律上确立了科技评估的地位。法律明确规定，国家级的科技计划、项目未经科技评估不能启动，评估师必须对其所做评估负法律责任，若存在违法行为将受到法律的制裁。随着法国评估体系的建立和完善，科技评估已成为法国政府决策、管理的重要保障。

6.3.3　法国科技奖励制度在 21 世纪的新特点

进入21世纪，法国的科技奖励制度在持续完善中，同时法国科技奖励制度也在适应和应对全球与时代的挑战。21世纪之后法国的科技奖励制度在延续原有特色的基础上，又演化出一些新的特点：一是多元化的奖励主体。随着科技的发展，不仅是传统的学术机构和政府部门在设立奖项，私人企业、行业协会以及非营利组织也参与到奖励制度的建立中，提供了多样化的资金来源和奖励平台。二是跨学科的奖励内容。现代科技的快速发展导致不同学科之间的界限变得模糊，法国的科技奖励制度也越来越多地涵盖了跨学科的研究成果，鼓励学术界和产业界在不同领域之间的合作和知识融合。

6.3.4　基于法国历史背景的反思

从 18 世纪末开始，随着启蒙运动的兴起和科学革命的推进，法国逐渐成为世界科学的中心。伴随着巴黎科学院的影响力增强以及诸如拉普拉斯、拉瓦锡和傅里叶等科学巨人的出现，法国建立了一个以科学探索和精确度为核心的文化环境。这一时期，法国科学的繁荣得益于政府的强有力支持和社会对知识与进步的高度尊重。科技奖励制度，如著名的科学院奖，就是在这个背景下建立的，用以表彰并激励那些对科学做出显著贡献的个体。法国继英国之后成为世界科学中心的原因是多方面的，主要可以归结为以下几个方面：一是启蒙运动的影响。18 世纪的启蒙运动起源于欧洲，尤其以法国为中心。这场运动强调理性和科学知识，挑战传统权威和迷信，为科学研究创造了一种新的公共哲学和社会氛围。二是源自法国科学院的作用。法国科学院成立于 1666 年，到了 18 世纪后期，它已成为科学研究和讨论的重要中心。科学院定期举办会议，出版学术论文，促进了科学知识的交流和扩散。三是法国政府的支持。法国王室和政府对科学研究的支持是显著的。路易十四和他的继任者们资助了许多科学项目，包括天文台、植物园和图书馆的建设，以及科学探险和研究的开展。四是杰出的科学家群体。法国在 18 世纪后期拥有一批杰出的科学家，如拉瓦锡、拉普拉斯、傅里叶和库利。他们在化学、数学、物理学等领域取得了重大的科学成就，推动了科学的进步。五是法国教育体系的改革。法国在这一时期对教育体系进行了改革，成立了多所工程学院，如著名的巴黎综合理工学院（École Polytechnique），为科学技术人才的培养提供了强有力的支持。六是巴黎的文化与开放的知识环境。巴黎在 18 世纪后期是文化和知识的交汇点，拥有丰富的图书馆、学术机构和知识分子，成为吸引国内外科学家的磁场。与其他国家相比，法国在当时相对开放和自由的知识环境促进了科学思想的交流。哲学家伏尔泰和卢梭等的著作也为科学研究提供了哲学上的支持。法国与其他国家在科学上的合作也促进了科学的发展，同时与英国等国的科学竞争也激发了法国科学家的研究热情和创新动力。这些因素共同作用，为科学研究提供了肥沃的土壤，使法国在 18 世纪后期成为欧洲乃至世界的科学高地。

在法国成为世界科学中心的这段时间，从 1760 年到 1840 年，法国经历了启蒙运动的高潮以及随后的法国大革命和拿破仑时代，这一时期的科技奖励制度也随之发生了变化。其一，法国科学院定期举办科学比赛并颁发奖项。法国科学院（Académie des Sciences）是法国最重要的科学机构之一，成立于1666年。该机构定期举办科学比赛和颁发奖项，以此来鼓励科学研究。在18世纪下半叶，科学院继续扮演着推动科学进步的角色，并通过奖励制度表彰科学家们的贡献。其二，在特定的科学领域设立一些科技奖项。例如，蒙田奖（Prix Montyon）。由法国政府在1780年创立的蒙田奖，颁发给在不同领域，包括科学、文学和艺术上做出"最有益于人类"的工作的人。蒙田奖包括多个类别，并在19世纪初得以继续。又如，拿破仑创立的奖项。拿破仑时期，拿破仑本人非常重视科技发展，特别是在军事和工程领域。他创立了一些奖项，用以奖励科学和技术上的贡献。再如，勒科特－迪勒奖（Leconte Prize）。1827年，法国药剂师约翰－弗朗索瓦－勒科特（Jean-François Leconte）在遗嘱中提供了资金，由法国科学院管理，用以奖励在化学领域取得进展的人。其三，法国工程院通过奖学金等方式奖励优秀学生。1800年代初，法国政府创建了多所工程学校，如著名的巴黎综合理工学院（École Polytechnique）和国立桥梁与道路学校（École Nationale des Ponts et Chaussées），这些学校不仅提供教育，也是技术创新的中心，并通过奖学金等方式奖励优秀学生。其四，这一时期法国通过了专利法。1791年，法国通过了新的专利法，为期长达15年的专利保护期为发明家们提供了强有力的激励。这种制度的实施鼓励了技术创新和工业发展。法国的科技奖励制度，特别是那些与法国科学院相关的奖励，对于激励科学研究、表彰科学成就以及推动科学知识的普及化都起到了重要作用。此外，随着法国各种工程学校的建立，技术教育和专业知识的传播也成为奖励制度的一部分，这些都在不同程度上推动了法国在科技领域的进步。

法国在18世纪后期的一系列科技奖励制度的制定，对于激励法国科学家和技术创新具有重要作用。主要体现在以下几个方面：一是学术荣誉与奖项的激励作用。法国科学院等机构设立了多种奖项和荣誉称号，用以表彰在科学和技术领域取得重大进展的个人。这些荣誉和奖项不仅提供了物质奖励，还带来了社会地位和认可，这对于激励科学家继续他们的研究工作是非常重要的。二是专利制度的通过。法国在18世纪也逐渐建立了较为完善的专利制度，这为发明家和创新者提供了保护其知识产权和商业利益的机制。专利制度的确立鼓励了个人和企业进行科学和技术方面的研发投资。三是塑造了赞助与资助设奖的文化氛围。除了正式的奖项和荣誉，许多科学家还能得到政府、王室或私人赞助人的资助。例如，路易十六资助了法国科学家拉瓦锡的研究。这种资助常常依赖于科学家能否展示出其工作的价值，因此也起到了一种奖励机制的作用。四是以奖励的形式设立竞争性项目推进科技难题的攻克。法国政府和私人机构会发起公开比赛来解决特定的科学或技术难题，如航海计时器的问题。这些比赛通常会提供奖金给那些能够提出有效解决方案的人，从而刺激科学发明和创新。这些制度确保了科学成果能够得到适当的认可和奖励，并为科研人员提供了持续探索新知识和技术的动力。通过这些奖励制度，法国不仅吸引了国内外的科学家和工程师，还创造了一个激励创新和发现的环境，推进了法国在18世纪后期到19世纪中叶的科学繁荣。

6.4 德国的科技奖励系统

德国的科技奖励制度从19世纪的工业化时代发端，到21世纪的全球化时代，其演变不仅见证了德国作为科学中心地位的确立与发展，也反映了科学价值观与国家政策之间复杂而微妙的关系。德国作为全球科学中心（1875—1920年）转移接力中的第四棒，以洪堡大学改革作为文化变革的切入点，变革的基本原则是：教学与研究的自由、教学与研究相结合的理念。这一原则带动了科学文化与大学的快速发展，并为许多后起的国家（美国、中国等）所效法和再创新[143]。需要注意的是，在此基础上，德国作为科学中心比较注重科技与工业的结合。德国在世界科技历史中承担着关键角色，研究德国的科技发展和奖励制度的进化为我们提供了一个洞察全球科研格局变迁的机会。分析德国的科技奖励制度的演化，不仅仅是对过往历程的回顾，更是对未来科技创新的反思。

6.4.1 德国科技奖励制度的早期特点

德国科技奖励最早的历史可以追溯至18世纪科学的大发展年代。1734年，随着德国第一所强调教学、研究自由的大学——哥廷根大学的建立，一股科学研究自由之风开始席卷莱茵河两岸，科学研究开始摆脱宗教的束缚，人们对科学的热情高涨，为了发动全社会解决当时科技大发展中出现的难题，一些学院、科技团体和学者发起设立了最初的科技奖，这些科技奖几乎都与某一科学难题挂钩，有明确的目标，这一科技奖励形式在以后的两个世纪内非常盛行，对解决当时出现的科技难题确实起到了积极作用。

1875—1920年，德国经历了一系列的重大社会和政治变革，这些变革也影响了科技奖励制度的发展。这一时期，德国正处在工业和科学的迅猛发展期，科学和技术在国家发展中的地位显著提升。科技奖励制度在此时起到了推动和激励创新的关键作用。伴随着对化学、物理学、工程学和生物学的重大突破，德国政府和私人机构开始设立多种奖项，以表彰那些对工业化进程贡献显著的科学家和技术革新者。这些奖项不仅仅提供了财务激励，更是一种社会认可，强化了科研在国家发展中的核心地位。

以下为这一时期德国所设立的部分科技奖项：①功勋勋章（Pour le Mérite für Wissenschaften und Künste），最初为军事勋章，1842 年，普鲁士国王腓特烈·威廉四世将其扩展为奖励文科与科学的荣誉，为国家认可的科学至高荣誉。②赫尔姆霍兹奖（Helmholtz Medal），由普鲁士科学院在 1892 年设立的奖项，以表彰在物理学领域的杰出贡献，为纪念德国著名的物理学家赫尔曼·冯·赫尔姆霍兹而得名。③戴姆勒勋章（Daimler Medal），1902 年，为纪念工程师戈特利布·戴姆勒，德国工程师协会（VDI）创设，以表彰在内燃机和汽车工程领域的杰出贡献。④马克斯·普朗克奖章（Max Planck Medal），1920 年，德国物理学会设立了这个奖项，以表彰在理论物理学方面的杰出贡献，首届得主是阿尔伯特·爱因斯坦和马克斯·普朗克。这些奖项和制度反映了德国在该时期对科学技术进步的重视以及对科学家和工程师的认可。此外，许多工业企业和学会也颁发了自己的奖项，以奖励特定领域的创新和成就。德国的科技奖励制度在国家工业化和科技进步中发挥了重要作用。

6.4.2 德国科技奖励制度在 20 世纪的发展

20 世纪，德国科技奖励制度迎来了快速发展，形成了更加系统化和组织化的科技奖励制度。其中，最具影响力的三大政府科技奖——莱布尼茨奖、德国未来奖、卡尔·海茵茨·贝库茨奖在这一时期设立。

莱布尼茨奖（Gottfried Wilhelm Leibniz Prize），1985 年由德国研究基金会（Deutsche Forschungsgemeinschaft，DFG）设立[①]，为了纪念德国著名哲学家、数学家、科学家戈特弗里德·威廉·莱布尼茨，以其名字命名该奖项。该奖项被认为是德国科学界最高的荣誉之一，主要奖励优秀研究人员和研究小组的特别计划，每年评选一次，奖励 10 名左右科学家或科学家小组，以相当可观的奖金（250 万欧元）

---

① 德国研究基金会成立于 1920 年（当时名为 Notgemeinschaft der Deutschen Wissenschaft，后来在 1951 年改为现名），它是一个重要的自主研究资助机构，负责资助科学研究。

资助得奖者的未来研究，是世界上最高额的研究奖之一。莱布尼茨奖覆盖范围很广，涉及自然科学、工程学、生命科学、人文社会科学等广泛领域。强调对科学领域有创新性贡献或突破，鼓励原创性和风险性较高的研究项目。采用提名制，不接受个人申报、被提名人不受年龄限制，鼓励青年科学家，且提名者必须是德国研究机构的工作人员（不要求是德国公民）。以下机构或个人有资格成为提名者：各高等学府、德国科学院、马普学会、大科学研究中心联合会、弗朗霍夫学会、德国科技协会联合会、DFG 各专业委员会的主席或副主席、历届获奖人员或以往提名委员会的成员。提名由 DFG 大委员会召集的提名委员会负责。提名委员会由 16 名知名的德国科学家组成，由 DFG 主席主持。该委员会通过筛选向大委员会提出最优秀的候选人，由大委员会裁决。每年召开 2 次会议审议提名，年末做出决定，次年年初颁奖（通常为 1 月份）。莱布尼茨奖不是视为对获奖者终生成就的奖励，而是授予勇于开拓、站在科研新领域门槛上的人，提名委员会主要从以下几个方面来审评提名建议：被提名者的成就以及其在国内外的地位；被提名者所从事的研究工作对于领域发展的贡献和作用；被提名者对于优秀科学家和年轻科学家的吸引力；被提名者的影响力，包括被邀请赴国外讲学、在重要国际杂志上发表文章及获得国内外奖励等情况[144]。

德国未来奖又称"总统技术创新奖"，由德国总统赫尔曼·赫尔佐克于 1997 年创设，每年颁发一次，截至 2024 年，已经颁奖 28 次，奖金目前为 25 万欧元。德国未来科技奖被视为最重要的创新奖项，主要表彰在技术、工程科学、自然科学、软件和基于算法等领域有助于价值创造、就业和应对社会挑战的研究与开发项目。评奖采用提名制度，评委会决定获奖的关键因素是科学技术创新程度以及将这一成就转化为未来可持续就业的潜力。因此，获奖项目一般要求是已经得到商业应用，因为市场成熟度是被提名的先决条件。获得德国未来奖是科技界的殊荣，获奖者受到总统接见和表彰，颁发奖杯、证书与奖金。

除政府奖之外，由亚历山大·冯·洪堡基金会于 1972 年设立的"洪堡研究奖"，受到科学界的广泛关注。该奖项面向德国以外的全球杰出科学家，专门授予在基础研究、理论创新、学科引领等方面取得卓越成就，并在未来有希望取得尖端成就的外国杰出学者。设奖初衷是为了促进德国与美国的科学合作，专门授予获得国际声誉的美国科学家。授奖学科包括数学、物理、化学、生物、医学、工程、计算机和地球学。该奖项不接受个人申请，只接受德国著名科学家和研究机构的推荐[145]。

　　到 20 世纪末，德国的科技奖励制度已经发展形成一个多层次、多元化的奖励体系：一是奖励类型获得快速发展，涵盖了从基础研究到应用研究的广泛科学领域。二是重视基础研究。德国的科研奖励体系中有很多奖项专门用于表彰在基础科学研究领域的卓越成就。例如，马克斯·普朗克研究奖和戈特弗里德·威廉·莱布尼茨奖都是专门奖励基础研究的杰出贡献。三是形成了研究资助与奖励结合的特点。除了单纯的金钱奖励，德国的科技奖励体系还强调为获奖者的研究项目提供资助支持，以确保他们能够继续进行创新的科学研究。四是奖项设立的国际化。德国的科研奖励体系不仅服务于德国国内的科学家，还开放给国际科研人员。例如，洪堡奖就是一个著名的旨在促进国际科研合作的奖项。

6.4.3　德国科技奖励制度在 21 世纪的新特点

　　21 世纪，德国科技奖励制度在延承前期奖项设立多元化的基础上有两大新的关注点：一是要鼓励科学研究转化为市场应用。创设于 1997 年的德国未来奖，继续发挥其鼓励创新的功能，将表彰的对象从科学技术成就拓展至将科学研究转化为可行产品和技术的团队。获奖成果必须已经达到或接近市场应用阶段，显示出其经济潜力和创造就业的可能性。二是面向科技全球化特征而设立的国际科学奖"柏林科学奖"（Berlin Science Award），由柏林市市长于 2008 年设立，是为了表彰在科学研究和学术领域做出杰出贡献的个人或团队，并促进柏林作为一个创新和研究中心的形象。这个奖项旨在强化科研在区域发展中的关键作用，以及吸引和保留顶尖的科学人才，进而巩固柏林在国际科研领域的地位。

　　此外，德国的传统奖项的设奖内容也发生了一些变化。例如莱布尼茨奖，虽然在 2000 年以后奖励学科领域上保持了广泛性，而评审标准维持其对科研卓越性和原创性的标准，但是奖金额度有所增加，评审过程更加注重跨学科研究、支持年轻科学家以及奖励那些对社会和科学界有广泛影响的成果。又如洪堡基金会于 2002年设立的索菲亚·科瓦雷夫斯卡亚奖（Sophia Kovalevskaya Award），它旨在支持年轻的有才华的研究者，特别是女性科学家在学术生涯的早期阶段。近年来德国设立了一些富有时代意义的创新性奖项。例如 KfW 伯恩哈德·格里米克奖（KfW Bernhard Grzimek），是为了表彰在自然保护和生物多样性方面的杰出贡献，反映了对可持续发展和环境保护的重视。2009 年，德国联邦教育和研究部（BMBF）设立的绿色人才奖（Green Talents Award），专门奖励在可持续发展领域的年轻研究者。2020 年设立的德国未来创新商业奖，由德国商业协会、谷歌公司联合设立，为了提振德国商业市场信心而创设，由中小企业产业界、媒体界组成专家评审，不少初创公司获得了该奖项，增加了创业者的信心。

此时，德国科技奖励制度呈现出如下特点：一是关注创新与适用性。开始重点奖励那些能够实实在在解决现实问题并已经或即将转化为具体产品或技术的研究。二是在评审过程中注重跨学科领域的成果。三是向年轻人才倾斜。四是开始关注科学界的少数群体，如对女性群体的建立与资助。五是与时俱进地设立一些具有新时代意义的奖项。例如，为了应对全球气候变化、能源转型和数字化等新时代挑战而设立的德国联邦环境基金会（DBU）和未来技术奖（Deutscher Zukunftspreis），就是为了鼓励社会和经济可持续发展中的科技创新。这些奖励不单是财富和名誉的象征，更是德国作为科学强国，对于促进人类福祉和全球可持续性责任的承诺。

6.4.4 基于德国历史背景的反思

德国的科技奖励制度在国家工业化和科技进步中发挥了重要作用。19 世纪末至 20 世纪初的德国，科技奖励制度与其他因素如杰出的科研人才、创新的研究机构、强大的工业基础以及高效的教育体系相结合，共同促成了德国成为世界科学中心的地位。然而，这一地位在 20 世纪上半叶因两次世界大战和纳粹政权下的科学政策等因素受到了重创。两次世界大战后，德国经历了科研机构的重建与转型。这一时期，科技奖励制度开始呈现出国家主义的特征，反映了政府在科学研究方面的战略意图和社会责任。奖励的范围和形式变得更加多样化，包括国家荣誉、研究资金、税收优惠等，以吸引和留住顶尖科学家，重建德国作为世界科学中心的国际地位。冷战期间，分裂的德国东西两部分在科技奖励方面走上了不同的道路。西德继续强调与西方世界的科技合作，而东德则更多地聚焦于社会主义集体主义下的科研成果。然而，两者皆强调科技进步对于国家的重要性，并通过奖励机制来促进科学研究的繁荣。随着 1990 年的德国统一，新的联邦共和国继承和融合了德国科技奖励制度，同时面向全球化的发展创设国际科技奖项。21 世纪的德国，其科技奖励制度更加注重国际合作，以及科技发展对可持续性和环境影响的关注。奖励机制更多地涵盖支持青年科学家、促进跨学科研究、鼓励公共和私人部门的科研合作。

总之，德国科技奖励制度的演进与德国科学研究机构是协同增效的关系。德国的大学、研究机构和工业实验室构成了一个紧密相连的网络，这个网络不仅提供了科研的物质基础，也构成了奖励机制发挥作用的平台。在这个平台上，奖励不仅仅是对个人的表彰，更是对整个科研团队和机构的激励。科技奖励制度在德国成为世界科学中心的过程中起到了重要的激励作用。一是发挥了认可与激励作用。奖励制度通过表彰科学家的成就，提供了强有力的个人和团队激励。这种认可不仅提升了科学家的社会地位，而且增强了他们继续在科研领域进行创新和探索的动力。二是引导科研资源聚焦关键领域。科技奖励通常针对特定的研究领域或关键技术，这有助于引导科研资源和注意力集中到国家或社会认为最有价值和最有前景的领域。三是吸引科技人才。奖励体系也是吸引顶尖科学家和年轻才俊的一种方式。德国的科学成果和奖励体系的国际认可，吸引了世界各地的优秀科学家到德国学习和工作。

6.5 典型国家科技奖励制度的差异与演化趋势

从上述各国科技奖励制度的演化历史可以看出，为了激励广大科技人员尤其是国内的科技人员，许多发达国家设立政府科技奖励由来已久，既有中央政府部门直接管理的奖项，也有委托专门机构管理并颁奖但奖励资金主要来源于财政拨款的奖项。有的奖项由于设奖时间较早，已经形成了一定的品牌知名度，并在国际上具备较高的影响力。在评审体系上，虽然各有特色，也表现出很多共同特点。以下对典型国家科技奖励制度的差异和演化趋势做简要总结。

6.5.1 典型国家科技奖励制度的差异

尽管英国、法国、德国和美国的科技奖励制度都展现了一些共同的演化特点，但是由于各自的历史背景、文化传统、政治体制和科技政策的不同，它们在奖励制度的演化轨迹上也表现出了一些差异。这些差异主要体现在以下五个方面：

第一，奖励制度的结构和组织不同。美国的科技奖励体系非常分散，由政府、私人基金会、学术机构和行业协会共同组成，反映了美国的多元化和市场导向特性。英国的奖励体系相对集中，许多奖项由皇家学会等权威科学机构或通过政府资助的研究机构管理，体现了英国科学界的传统和威望。德国的奖励体系强调工业和工程领域的应用研究，这与德国的工业强国地位和其科技政策的实用主义倾向相符合。法国则更多地注重国家层面上的荣誉和奖励，如法国科学院颁发的奖项，体现了国家对科技成就的认可和支持。

第二，奖励的侧重点不同。美国的科技奖励制度在很大程度上强调创新和企业家精神，奖励那些能够推动产业发展和商业化的科技成果。德国的奖励体系更侧重于技术创新和制造业的贡献，以及对工业标准和质量的影响。英国和法国更重视科研的学术价值和对知识体系的贡献，以及科学的社会和文化意义。

第三，政府在科技奖励体系中扮演的角色不同。美国的科技奖励制度中政府的直接介入相对较少，多由私人基金会和非政府组织主导。法国和德国的奖励体系中，政府扮演的角色更为显著，通过国家科学院或相关机构来颁发奖项。英国则在政府和私人组织之间取得平衡，政府通过资助和认可等方式对奖励体系进行支持。

第四，对外科技合作的态度不同。美国更侧重于全球领导地位，通过奖项支持全球影响力较大的研究。英国、法国和德国更倾向于欧洲内部的合作，以及通过共同的科技政策和计划来促进科技合作。

第五，奖励的形式和规模不同。美国的科技奖项通常奖金规模较大，反映了美国的慷慨私人捐赠文化和对个人成就的重视。欧洲国家的奖项更加注重荣誉和职业认可，奖金规模可能小于美国，但更强调奖项的声誉和象征意义。这些差别反映了各国文化、政治和经济差异对科技奖励制度的影响，以及各国在推动科技创新方面的不同策略和偏好。

6.5.2　典型国家科技奖励制度的演化趋势

科技奖励制度是各国政府、学术机构和私人组织为了鼓励科学技术进步而设立的表彰体系。不同国家的科技奖励制度反映了它们各自的科技政策、研究重点以及历史和文化背景。西方发达国家科技奖励制度的历史趋势有如下特点：

第一，科技奖励渐趋形成多元化、多层次、分样性的制度网络。近代以来，随着科技的逐渐发展，衍生出了众多的科技领域和学科，不同科技领域之间的专业化分工也日益精细。不同领域的科技奖励，需要设置不同的奖励目标和奖励标准。因此，从科技奖励制度的演化特点来看，呈现出奖励范围的多层次、奖励组织主体的多元性、奖励对象的多样性趋势，并逐渐形成覆盖所有科技活动的科技奖励制度网络。

第二，科技奖励对象更加精准，奖励标准更加明确。从历史上看，科技奖励最初是社会对科学发现优先权和科技成果的承认。伴随着社会经济发展，知识生产的工业化导致科技活动的职业化分工，基于竞争需求的企业创新日益成为科技活动的主流，科技奖励与劳动报酬制度相分离。同时，知识和技术的商品化使知识产权制度应运而生，利用市场机制为研发活动提供物质激励的知识产权制度与科技奖励相分离[146]。科技奖励的对象范围只是奖励科技领域具有探索性和独创性的工作。与此同时，科技奖励的标准也更加明确。例如，诺贝尔奖旨在集中奖励那些在全球范围内真正做出了原创性工作的科研工作者；美国的"费米奖"旨在奖励在能源科学技术研究方面取得杰出成就的科学家、工程师与科学政策制定者[147]。

第三，鼓励跨学科研究。现代科学研究的复杂性要求不同学科间的融合与协作。英国科技奖励体系通过一系列奖项，如皇家学会的以科学与艺术相结合的奖项，鼓励跨学科的研究和创新。这种趋势不仅拓展了科技与其他领域的交叉，也推动了新知识的产生和新技术的应用。当前科学发现和技术创新往往发生在不同学科的交汇处。法国的科技奖励体系正在适应这一趋势，通过奖励跨学科研究和采用新颖研究方法的项目，来促进知识的综合和创新的产生。

第四，国际性科技奖励日趋活跃。以美国为代表的国家通过设立国际科技奖，彰显国际科技实力与地位，有些奖项成为一些学科领域有"诺贝尔奖"之称的重大奖励，如美国设立的基础医学领域的"拉斯克奖"、英国设立的"皇家学会奖项"、法国设立的"菲尔兹奖"、德国设立的"普朗克研究奖"。

第五，鼓励年轻科学家。为了培养未来的科学家，西方科技强国的科技奖励体系也越来越重视对年轻科学家的支持。例如，通过设立专门的资助计划和奖项，来鼓励年轻科学家进行创新研究，并给予他们在科学界成长所需的资源和认可。

第六，不同国家在不同的发展阶段，根据国家的科技战略发展目标、社会及科技热点事件，增加新的科技奖励项目。例如，美国的科技奖励制度就有与时俱进的特点，针对20世纪90年代出现的种种环境问题以及社会各界发起的绿色革命运动，美国于1995年设立"总统绿色化学奖"，以奖励在创建"更清洁、更便宜、更敏捷"的化学工业中获得重点突破的个人、团体和组织。各国的科技奖励制度都无例外地密切结合本国科学技术和经济建设发展水平的实际情况，最大限度调动各类、各层次科技人员的积极性，促进本国科学技术和经济的发展[148]。

6.6 对中国科技奖励制度的启发与借鉴

相对于西方发达国家科技奖励制度的发展情况，中国制度化的科技奖励从20世纪中期才逐步兴起，相比西方科技强国成熟的科技奖励制度晚了200多年。同时，中国与美国、英国、法国、德国等国家的文化传统，以及政治、经济、科技体制不同，在科技奖励体系中的设奖主体、奖励导向、奖励对象、奖励内容、评奖过程、社会评价等方面均存在较大差异。借鉴国外科技奖励的成功经验，对完善我国科技奖励制度具有重要启发。

6.6.1　政府与民间科技奖共同发展

纵览美国、英国、德国、法国等国家设立的科技奖励，总体来看，西方发达国家设立科技奖的时间较早，种类繁多，层次分布和体系建构比较完善。除了政府设立的科技奖励，各学会、各行业协会、各大企业设立的民间科技奖励种类更多。有的民间科技奖还是面向全世界评选，经过多年的积累，在科学界已经是久负盛名。例如，美国的"拉斯克奖"，素有诺贝尔奖风向标之称；英国物理学会设立以历史上公认的著名科学家名字命名的一系列奖章，本身就向社会传递出一种信号，是对获奖者学术成就的最高认可。

总的来看，许多西方国家的民间社会科技奖的影响力及其社会声誉并不逊于政府设置的科技奖，有的影响力甚至更大，更能得到科学界同行的认可。尤其是在美国、英国、法国、德国等国家，科技奖的声望及其权威性主要取决于其在科学界同行中的认可度，政府的因素（级别）对其影响较小。当然，这其中也与这些国家整体的科技体制特征有密切的关系。也正是因为有数量众多、种类多样、声誉较高的民间社会科技奖的蓬勃发展，才使科技奖励更能够回归促进科研事业发展的设奖初衷。相比较而言，如果政府科技奖励在社会中占据核心地位，势必会成为民间社会科技奖发展的障碍，尤其是当政府科技奖与其他科技资源分配紧密联系的时候，势必会造成科技工作者在科技奖励活动中的"寻租"行为，以获奖为目的而形成的行动者网络中就不乏利益博弈、拼凑包装甚至夸大的行为，也偏离了科技奖励的初衷。民间社会科技奖励体系的建立和完善，形成与政府科技奖并存的奖励格局为我国科技奖励体系改革提供了启发。

6.6.2　激励人才为导向

科技奖励不仅是科技创新的助推器，也是营造创新文化的润滑剂。西方国家设置科技奖励的目的是激励科技人员在从事科学技术活动中不断取得新的突破和新的成就。获奖不与职称、项目资助等科技资源挂钩。在美国、英国、法国、德国等国的科学家看来，科学家的天职是探索和创造知识，揭示自然界的奥秘和追求人类的福祉，而不是刻意去为了获奖。即使是诺贝尔奖的获得者，他们的心态非常平静，不会进行炒作或频频在公众媒体上露面[149]。

美国多元化的经济体制特点使美国科技奖励体系也呈现出丰富和多元化的特征，美国政府科技奖励强调奖励做出杰出贡献的科学家，起到引领和导向的作用，突出稀缺性[150]。例如，美国总统杰出青年科学家和工程师奖（Presidential Early Career Award for Scientists and Engineers）于 1996 年设立，每年奖励不超过 60 位在科学技术研究方面取得杰出成就的青年科学家或青年工程师。获奖者享受五年内 50 万美元的研究资助，但必须是美国公民或具有永久居住权的公民。

6.6.3　主要实行提名制和独立评审制

英国、美国等发达国家的科技管理体制属分散型，政府不设统管全国科技活动的管理机构，主要靠经济和法律手段来调控。比如美国，其各类科技奖均具有独立性，其分层是通过预先功能定位和社会选择实现的，而不是通过行政隶属关系定位的[151]。美国的国家科学奖和国家技术创新奖均不是从美国各州科技奖中选拔出来的，并且各州也不一定都设有与这两大奖项相对应的奖励类型[152]。

西方发达国家的科技奖励，例如美国国家科学奖、美国国家技术创新奖、美国总统绿色化学挑战奖、芬兰科学奖等奖项均采用提名制。提名制是指科技奖励的候选人由专家提名。这些专家一般是该奖项评奖委员会的成员、以往的获奖者、经评奖委员会指定或特聘的世界范围的知名科学家。提名制的优点是由一流专家提名，他们工作在科技前沿，熟悉做出新成就的候选人，他们对被提名者往往抱着非常审慎的态度。同时这种提名是"背靠背"的，有时被提名者到获奖时才知道有这么回事，因此是保证公正性的一道防线。

由于国情不同，各国的国家科技奖评审方式具有一定的差异。科技奖励评审的方法从不同角度可以分为不同的类别。根据评审的性质，可分为定性方法（同行评议法）、半定量方法（层次分析法）和定量方法（文献计量法）等；根据评审采用的物理方式，可分为网络评审、会议评审等；根据评审委员与成果主要完成人之间相互情况的保密情况，又可以分为面对面、面向背（单盲法）和背靠背（双盲法）评审等。每一种方法都有其特性和适用范围，在具体的评审活动中，可以几种方法配合使用，相互补充。大部分西方发达国家的国家科技奖励评审程序相对简单，由专门评奖委员会独立行使评选职权，多采用同行评议法进行评选，没有异议程序。

总的来说，中外科技奖励制度的不同是由各国政治经济体制、思想文化观念等差异造成的。通过对国内外国家科技奖励的梳理，总结见表 6.1。

表 6.1　中外国家科技奖励比较

设奖机构	西方典型国家科技奖励	中国科技奖励
科技奖励体制	分散型， 社会科技奖占主体， 国家奖稀缺	混合型， 国家奖占主体地位， 社会科技奖影响小
奖励类型	基础研究奖励多	应用研究奖励多
成果奖与人物奖比例	人物奖占主体	成果奖占主体
提名推荐方式	提名制	推荐－申报制
评审方式	同行评议、相对简化， 无异议程序	同行评议、相对复杂， 设有异议程序

随着 21 世纪科学技术的迅猛发展，改进和完善科技奖励制度是时代发展的客观要求，也是科学技术发展的必然。科技奖励的作用不仅限于对做出贡献的科学家予以承认和肯定，而且更为本质地关系到科学共同体的社会分层、权力的行使、科技资源的分配和科学技术的发展方向。未来，政府和全社会将更加关注科技奖励系统在社会运行和推动科技进步过程中的激励和调节作用，这是促进科学技术奖励系统日益完善的根本动力。

第 7 章

构建面向高水平科技自立自强的中国科技奖励制度

科技奖励制度是党和国家为激励自主创新、激发人才活力、营造良好创新环境采取的重要举措，是我国长期坚持的一项重要制度，对于促进科技支撑引领经济社会发展、加快建设创新型国家和世界科技强国具有重要意义[153]。在不同时期，根据国家科技战略目标的调整，国家科技奖励制度不断进行改革。党的十九大以来，我国社会发展进入新的阶段，伴随百年变局深入发展，新一轮科技革命和产业变革正在向纵深演进，国际竞争变得更加尖锐复杂，中美之间的科技竞争和人才竞争更加激烈。习近平总书记指出，科学技术从来没有像今天这样深刻影响着国家前途命运，从来没有像今天这样深刻影响着人民生活福祉。我国经济社会发展比过去任何时候都更加需要科学技术解决方案，更加需要增强创新这个第一动力。党的二十大报告提出，坚持创新在我国现代化建设全局中的核心地位，在未来五年和面向 2035 的发展目标中，都把科技自立自强作为重要内容，将实现高水平科技自立自强与实现国家新发展阶段目标紧密相连。唯有历史地看待科技奖励制度的作用及其演化，才能准确把握科技奖励制度的价值和特点，从而正确认识中国在全球科技竞争版图中的位置，使科技奖励制度与建设世界科技强国和实现高水平科技自立自强的战略需求相对接，还需要加大对高水平、原创性科技成果的奖励力度，推进科技奖励制度的深层次改革。

7.1 科技奖励制度与世界科技强国的关系

7.1.1 历史地看待科技奖励制度的作用及其演化

科技奖励是奖励科学技术领域具有原创性、创新性工作的一种特殊制度。从科学技术发展的历史来看，在不同时期，科技奖励制度在激发和鼓励人们做出重要的发明和创新方面、在推进知识进步方面，都曾经发挥过非常重要的作用。

在科学建制化之前，科技奖励呈现非制度化的奖励方式。在 15 世纪以前的一段较长历史时期，科研活动以个体为主，科技奖励也以个体性的奖励为主。一些绅士、贵族或社会贤达，出于个人偏好，或者是认识到科技奖励的重要性，对个人的科研活动进行嘉奖。古希腊人因继承了古埃及、古巴比伦的古老文化与科学技术，在比较短的时间内达到奴隶制时期科学技术的高峰，也推动了科技奖励的发展，例如亚历山大里亚时期一位博物学家因学术成就而受到托勒密王朝的嘉奖；阿基米德因发现浮力定律得到了叙拉古国王的奖励。但这一时期的科技奖励是一种非制度化的奖励，国家对科技的奖励主要体现为皇权统治的需要，或者是满足统治者的爱好，创造者获奖具有随机性特点。科技奖励所依据的不是科学的特有规范，而是整个社会的规范，这种非制度化的奖励可以看作科技奖励起源的内因。

科学建制化初期，科技奖励制度是科学共同体自我激励和自我规范的有效手段，但还不是国家制度。1957 年，社会学家默顿发表了《科学发现的优先权》一文。通过科学史上的优先权之争这一楔入点，默顿对科学奖励系统进行了分析研究。默顿认为，优先权之争是科学建制目标和科学规范相互作用的结果。科学建制的目标是"拓展已被证实的知识"，而增加知识意味着需要做出独创性的科学发现。对科学发现的独创性予以奖励，承认其优先权，"证明一个人已经成功实现了对一个科学家最严格的角色要求"，科学建制的目标得以强化。默顿指出，基于"承认"这种排他性的权利，科学奖励系统得以形成，体现了科学家扮演其角色的好坏与相应报酬之间的关系。此时的科学奖励主要是名誉性的，包括命名式奖励、授予奖章或者类似奖品以及成为威望性机构成员等形式。科学建制化初期的科研奖励主要作为科学激励机制和规范机制的重要组成部分，是科学共同体内部的制度建设。

伴随着科技先发国家科技奖励制度的逐渐成熟，世界科学中心也在逐渐崛起与更替。"世界科学中心"最早是由英国科学社会学的奠基人之一贝尔纳创造的概念，他借此描述科学力量的转移现象。后来，日本科学史专家汤浅光朝受到启发，用定量的方法，界定了"世界科学中心"，并总结出近代以来科学活动中心在世界范围内周期性转移的现象，又称"汤浅现象"。根据定义，科学成果数量超过同时期内全球科学成果 25%的国家，就被称为世界科学中心。"汤浅现象"说明，文化的震荡、社会的变革、经济的快速增长、新学科群的崛起、科学家的集体流动，都是导致科学中心发生转移的因素。参照"汤浅现象"，从近代科学诞生之日算起，世界科学中心有过 5 次大的转移，分别是在意大利、英国、法国、德国和美国。以德国为例，德国的科技奖励制度建立于 18 世纪德国科学大发展的年代，1734 年随着德国第一所强调教学、研究自由的大学——哥廷根大学的建立，一些学院、科技团体和学者发起设立了最初的科技奖。德国科技奖励设立初期，科技奖励有明确的目标，几乎都与某一科学的难题挂钩。德国科技奖励制度的逐渐完善对解决 18 世纪中后期出现的科技难题确实起到了积极作用，从一定程度上推动了德国世界科技中心的形成（1810—1920 年）。美国的科技奖励制度则源于 19 世纪。美国不但继承了英国科学的传统和德国科学的体制，在科技奖励制度方面，也形成了其独有的特色。一是科技奖励以奖励科技人员为对象；二是科技奖励在设置和运作上具有多样化的特点；三是充分体现科技奖励的权威性和荣誉性；四是科技奖励不与福利项目（如晋升、加薪等）等相联系；五是形成多层级、多元化的科技奖励制度网络。科技奖励制度的逐步完善直接推动了美国科技的繁荣发展，20 世纪初促使世界科学中心由德国转移到了美国。当前，美国设立的科技奖励难计其数，有面向全球性的科技奖励、有政府和社团设立的面向全美的奖励，也有学会、行会、企业面向自己系统的科技奖励，但奖项之间内容不重复，有各自特点。总之，随着科学发展成为极其重要的社会建制化分工活动，科学知识生产被纳入整个社会的价值分配体系，科技工作者也成为社会分工的一种重要职业。科技奖励也逐渐演变成一种更加复杂的、适应科学发展的制度。科技奖励的设奖渠道和资金来源也日益多样化。政府与科研相关的各部门，各学会、企业和非营利机构都开始设置科技奖项。虽然国家乃至产业界在科技奖励当中扮演了日益重要的角色，但学术共同体和个体设置的科技奖励依然保留，构成了多层次的奖励制度和多元化的设奖主体，形成功能上相互补充的科技奖励制度网络。

中国在 1949 年后建立起社会主义制度，逐渐实行了计划经济体制。国家一开始就在科技奖励的过程当中扮演了非常重要的角色，相对而言，个体、学术共同体的奖励发育并不成熟。即便在民国时期，出现过一些学会共同体或者个体设立的奖项，但在新中国成立之后，这些奖项没有很好地延续下来。因此中国的科技奖励体系，长期以来体现为以"政府奖励"为主，在新中国成立初期计划经济体制下，中央政府、地方政府等不同层次的政府在科技奖励的设置上存在较大的同构性。改革开放以来，虽然科技社团和个人奖励开始出现，但政府在科技奖励中仍起决定性作用。党的十八大以来，在新一轮深化科技体制改革过程中，科技奖励机制建设更是受到了高度重视，取得了明显成效。一是支持科技奖励的法律政策体系更加完备。

二是促进自主创新的全方位科技激励机制基本建立。三是探索科技奖励新机制的试点专项工作正在积极推进。但应当看到，当前我国科技奖励机制仍旧存在一些问题，主要体现在三个方面：一是科技奖励制度体系层级单薄，激励举措不够协同。表现为网络化的科技奖励制度结构有待完善，中央有关部门之间、央地之间、地方之间开展科技奖励的统筹协调力度仍需加强。二是科技奖励制度功能定位不清，奖励对象不够聚焦，对开展高质量科技研发活动的有效奖励力度相对不足。三是奖励主体不够多元，激励手段单一。社会力量开展科技奖励的能动作用发挥依旧有限，科研兴趣、事业追求等非物质性手段的运用尚不充分。

7.1.2　准确把握科技奖励制度的价值和特点

一方面，一个良性运转的科技奖励制度需要形成多元化、多层次、分散化的制度网络。近代以来，随着科技的逐渐发展，衍生出了众多的科技领域和学科，不同科技领域之间的专业化分工也日益精细。不同领域的科技奖励需要设置不同的奖励目标和奖励标准。然而，在我国形成的以国家科技奖励为中轴的权威性奖励体系，带来两个突出问题：一是奖励标准太模糊、解释弹性太大，不能保证筛选出真正具有突破性、原创性的科研成果；二是没有其他的科技奖励可以挑战国家科技奖的权威，其所形成的连带效应、辐射效应很难规避。因此，科技奖励作为激励制度，不能采用一项奖励去激励所有的科技活动，需要形成多元化、多层次、分散的制度网络。一个多层次、分散的而非中心式的网络化制度体系，意味着其设奖主体应具有多元性特征，根据社会发展的特殊性需求，由不同主体来设立不同功能和层次的科技奖励。这种科技奖励制度网络的优势在于能够将科技奖励这一复杂工作分解到社会的不同层面以及不同专业团体，从而使科技奖励的评审过程更加精准和简明，有利于强化科技奖励的精确性和权威性，从而有效抑制中心式奖励网络所带来的一系列负面效应。

另一方面，科研奖励具有特殊的激励功能，需要与常规激励方式相分离。科技奖励作为一种特殊的激励制度，意味着有非特殊的常规的激励方式，这种常规的激励方式在不同的时期有不同的表现。科学建制化以来，尤其是政府和产业界成为支持科技发展的主要力量后，社会逐渐形成了成熟的、常规性的科研管理体制。为了激励科研工作者的研究热情，科研机构往往会根据自身发展目标和任务特征，设置一系列常规性激励措施，包括技术职务晋升、科研机构年度考核与评优等。在科研管理工作中，需要明确区分这种常规性的激励手段与具有特殊激励功能的科技奖励制度，尤其不能用科技奖励的特殊激励功能去替代或者是消解常规科研管理所应有的一些激励制度。

从历史来看，发挥重要引导作用、具有较强公信力和权威性的科技奖励往往具有以下突出特征：其一，奖励标准非常明确，如诺贝尔奖集中奖励那些在全球范围内真正做出了原创性工作的科研工作者；其二，奖励目标和奖励功能非常聚焦和单一。然而，当前我国的科技奖励制度在一定程度上替代了科技管理过程中更常规的激励机制，甚至两者之间形成了某种冲突和对立。例如，国家科技奖励背后所捆绑的往往是一个单位的其他科研资源，其效用甚至超越了单位自身的考核机制。在此情境下，很多科技工作者都将时间和精力投入奖励过程中，导致科技奖励在操作过程上极有可能给常规科技工作带来很大的干扰，甚至负担。科技奖励作为一种特殊的激励措施，具有权威性、公信力、稀缺竞争等特征，因此必须具有标杆性和导向性，主要对标那些具有重大贡献的、原创性的、变革性的科技成果。

7.2 正确认识中国在全球科技竞争版图中的位置

7.2.1 科技奖励制度要与国家科技发展战略相对接

在全球科技版图中，中国相对于英国、法国、德国和美国等国，可以被视作一位较晚加入现代科技竞赛的参与者。中国的工业化历程在时间上更为集中和快速，尤其是从 20 世纪中叶开始，特别是改革开放以来的几十年间，其工业化和现代科技建设突飞猛进。与此同时，西方国家凭借其早期开启的工业化进程和持续的科技投资，早已奠定了深厚的科技基础和成熟的创新体系。中国在科技教育、基础研究以及高端人才培养等领域，与长期领跑的科技强国尚存不小的差距。发达国家的科技创新体系建设得益于其完备的科研机构、激活的企业研发、健全的市场机制以及严密的知识产权保护体系，这构成了一套成熟的创新生态。

2022 年 4 月 19 日，中央全面深化改革委员会第二十五次会议审议通过了《关于完善科技激励机制的若干意见》。虽然我国科技激励机制建设已取得明显成效，但与建设世界科技强国和实现高水平科技自立自强的现实需求相比，还需要加大对高水平、原创性科技成果的奖励力度，需要推进科技奖励制度的深层次改革，以适应建设世界科技强国和高水平科技自立自强的这一新的发展阶段的需要。高水平科技自立自强是在建设世界科技强国战略目标下提出的现阶段国家发展的战略支撑。

"高水平"对科研能力的质量提出了更高要求。另外，与传统"追赶"模式下对国家科技发展的定位不同，"高水平"科技自立自强是在建设世界科技强国的关键时刻提出的，在坚持"四个面向"的同时，突出表现在瞄准世界科技前沿，实现科技发展的并跑甚至领跑。因此，衡量"高水平"的核心指标将体现在以下方面：要求在前瞻性基础研究和引领性原创成果方面取得重大突破；要求在开辟新科学领域方向、构建新科学理论体系上做出重大贡献，成为重大原始创新策源地；要求加快实现从要素驱动向创新驱动的转型升级，能够有力和有效地持续提升国家创新体系整体效能和产出，能够持续引领世界科技发展，能够为创新引领发展提供先行先试的经验借鉴。因此，尽管中国正在积极改革和提升科技体系，但仍处于加速发展的关键阶段。在科技积累和创新能力方面，中国仍有显著的提升空间。许多西方国家在高新技术领域拥有深入的技术沉淀和强大的创新动力，创造了海量的原创科技成果。中国虽已在某些科技领域实现突破，但在原创创新和高端技术自主权上依然在追赶过程中。在科研效率、产出转化，特别是高影响力科研成果的商业化方面，与一些发达国家相比，差距依旧存在。在国际科技分工中，中国传统上扮演着制造和加工的角色，而研发和创新的核心环节则多集中在发达国家。

针对这样的背景，中国科技奖励制度扮演着独特且关键的角色。制度设计和实施需要充分认识到国家所处的发展阶段，并明确科技奖励制度在激发创新、促进科技发展中的特殊使命。只有这样，科技奖励才能更好地服务于国家战略，推动中国在全球科技舞台上的持续进步与卓越表现。中国作为一个科技后发国家，其科技奖励制度在推动国家科技进步中扮演着重要的角色。科技奖励制度不仅是激励科研人员和机构不断攀登科技高峰的重要手段，更是引导科技力量聚焦国家战略需求、推动产学研深度融合发展的关键举措。在全球科技竞争的大潮中，中国的科技奖励制度如同一把利剑，既能够调动科研人员的积极性，激发他们的创新激情，也能够通过物质和荣誉的双重激励，吸引海内外高端科技人才，为中国的科技创新汇聚强大的智力支持。此外，科技奖励制度还能够帮助中国科研机构在全球科技版图中找准定位，通过对标国际先进水平，促进科技人才的国际交流和合作。在全球科技竞争的大背景下，中国作为科技后发国家的科技奖励制度所扮演的角色，可以归纳为以下六个关键方面：

第一，激励和引导创新。随着科技创新地位提升，新形势下的奖励工作要有新的定位和要求。首先要在激励科研人员投入创新活动方面发挥作用，科技奖励是对科研人员、团队以及领域贡献的重要评价，是非常重要的荣誉激励机制，从而在社会形成示范效应，激励各行各业的科研人员攀登科技高峰。随着中国科研投入力度不断加大，技术更新速度越来越快，交叉融合领域越来越多，重大项目和重大成果层出不穷，国家科技奖励应该做到少而精。从国家科技发展的角度来看，国家科技奖励制度要与国家科技发展战略密切对接，确保研究方向和领域的选择与国家的长期利益和全球科技趋势相匹配，能够评选出代表获奖所在领域最高水平、最重要方向的成果。

第二，培养和吸引高水平科技人才。科技奖励制度是对科技活动的重要激励机制，对于维护科技在社会中的正常运行具有重要意义，有着明显的激励功能、导向功能、承认功能和竞争功能。好的科技奖励制度可以实现导向、竞争、激励、承认的功能，从而使用规范引导科技奖励的客体按科技奖励主体的意图进行科技活动，高效率获得高质量科技成果，强化科学研究主体的动机，满足科技奖励主、客体的需要，对科技事业起到正向的推动作用。其中，国家科技奖励制度在人才培养和吸引方面扮演着极为重要的角色，不仅具有激励和导向作用，引导科技人员从事国家需要的研究方向，服务国家高水平科技自立自强；还具有示范作用，培养出领军科技人才、战略科技人才和拔尖创新人才。同时，科技奖励制度推动着我国科研水平向国际一流水平迈进，通过对重大科技成就的认可和奖励，对标国际一流水平推进研究，着力拓展国际科技合作交流，提升中国科研机构和科研人员的国际影响力，也有助于中国科技成果在全球的推广和应用。

第三，完善评奖机制，提高评奖效率。需要将科技奖励制度改革纳入科技体制改革的大框架下，努力营造一个自由探索、宽容失败、重视过程和长期投入的科研环境，这对于后发国家来说尤为重要。建立良好的科技奖励申报、评审机制，实现科技奖励工作人员和管理人员的专业化，聘任专业人员或相关人员从事科技奖励管理工作。同时，将先进的信息技术应用到科技奖励中，用数字化手段和体系进行评选、审查和约束，在保障公平、公正、公开的评奖过程的同时，提高科技奖励工作的效率和科学性。

第四，强调科技奖励制度的差异化设计。中国的科技奖励制度在科技后发国家中独树一帜，需要兼顾短期内的技术追赶和长期的自主创新之间的平衡，既强调对现有科技成果的吸收、消化和再创新，又要注重对原始创新的高额奖励。针对不同科技领域和行业的发展阶段，科技奖励制度需要有针对性地设计差异化奖励措施，对初创阶段和成熟阶段的科技成果给予不同的激励，以适应不同发展需要。

第五，促进科技资源的有效配置。国家科技奖励需要引导科技产业化，解决创新链和创业链之间不衔接的矛盾。在经济高速增长阶段，国家科技奖励制度服务国家创新战略主要关注科技的规模与数量，科技发展领域的主要矛盾是经济增长需求与科技供给不足的矛盾，因此，科技奖励政策不仅关注科技成果的数量，更注重质量和转化效率，通过科技奖励促进产学研结合，通过对那些能够实现科技成果产业化的项目给予奖励，激励企业、高校和研究机构之间的合作，加快科技成果从实验室到市场的转化过程，推动产业升级和创新驱动发展战略的实施，从而提升国家的科技创新能力和竞争力。相应地，建议在国家科技奖励体系中提升企业参与相关科技奖励评审的参与感与积极性，增加来自企业的科技奖励评审专家的数量。

第六，强调科技奖励的目标导向。科技奖励体系的核心在于通过目标导向的激励策略，引导并激发人才的潜能，以确保个人追求与组织目标的一致性。这一机制旨在促进科研人员在个人价值实现和组织目标达成之间找到共鸣。在建设世界科技强国的征途上，以及在追求高水平的科技自立自强中，一个明显的趋势是从单纯依赖要素驱动转向创新驱动的发展模式。这意味着，科技创新的布局既要专注于关键的科技领域"点"的精准发力，又要广泛涵盖大部分基础学科和领域的"面"的全面铺开；既需要在关键核心技术上取得重大突破，也应推动配套的共性技术水平整体上升；既要有国家战略科技力量的主力军起到骨干引领作用，也要依靠国家创新体系中各个单元的协同创新。在这个框架下，科技奖励制度的职能是明确地引导人才关注对国家安全和长期发展至关重要的战略领域和关键技术，鼓励他们在原创性和变革性研究工作中做出贡献。

随着时代和科技发展的变迁，科技创新的焦点也随之调整。国家科技管理部门必须结合科技成长的内在需求和科技奖励制度在实践中的效果，持续优化该制度，并在科技评价体系中明确其重要性。中国特色的科技奖励制度与科技评估紧密相连，通过在科技评价体系内深植不同层次和类型的奖励，它深刻影响着科技资源的分配和科技荣誉的获取[154]。因此，一个完善的科技奖励系统应当能够包容和融合不同级别、内容和形式的奖励，充分发挥各种奖项的独特作用。总体来看，中国的科技奖励制度在全球科技竞争的环境下，展示了其独特的价值与作用。它不仅要为中国科研人员和机构提供前行的动力和方向，也要为中国在全球科技舞台上的持续崛起搭建坚实的基础。中国的科技奖励制度通过激励创新、人才培养与吸引、提升国际竞争力、促进产学研结合这四个方面，为中国科技的发展提供了动力和方向，帮助中国在全球科技竞争中稳步前行，并逐步向科技强国迈进。

7.2.2 新时代推进我国科技奖励制度改革的侧重点

科技奖励机制的本质是目标导向下对人才的价值引领和有效激励，目的是促进人才实现个人价值与组织目标相一致。当前，建设世界科技强国和实现高水平科技自立自强最主要的特征之一是从要素驱动到创新驱动转变，科技创新既要有面向重大科技领域的"点"上布局，也要有面向大多数基础学科和领域的"面"上部署；既要有关键核心技术的重大突破，也要有配套性共性技术水平的整体提升；既要有国家战略科技力量主力军的骨干引领，也要有国家创新体系各单元的协同创新。因此，科技奖励制度就要引导人才聚焦科技创新事关国家安全和长远发展的战略领域和关键核心技术，激励人才做出原创性、变革性工作。

第一，积极构建统筹协调、协同联动的多层次、多元化、分布式科技奖励制度网络。在组织实施方面，大力加强统筹协调和协同联动。建立健全领导统筹科技奖励工作的科学机制，真正强化部门协同、上下联动和地方互动。加快开展科技奖励相关政策梳理修订工作，及时解决政策"冲突"和配套措施不完备等问题。加大对地方政府科技奖励工作的督导规范力度，妥善解决部分地方政府过度奖励、重复奖励、奖励不足等问题。科技奖励制度网络的构建方面，一是鼓励科技奖励主体要多元化和多层次化。政府、企业、行业学会/协会等都应在科技奖励中扮演各自的角色。各级政府、各级行业学会/协会等也可根据奖励客体贡献大小分级设奖。二是鼓励科技奖励客体要多元化和多层次化。既要对单个项目的成功给予奖励，更要直接对做出突出贡献的个人进行奖励。其中还可根据获奖人的资历分设终生成就奖、最具潜力奖等。三是鼓励科技奖励手段要多元化和多层次化，既要重视物质奖励，也要重视精神奖励。推动形成相互补充、互促增效的科技奖励制度网络体系。

第二，建立分类奖励机制，重点奖励高质量科技研发活动。建立分类奖励机制。对不同年龄段人才、从事不同研究领域人才建立分类奖励机制。在奖励对象方面，重点奖励高质量科技研发活动。围绕基础性、公益性原始创新研究、重点领域关键核心技术攻关等进一步加大有效奖励力度。一是要强化定向奖励。加大对围绕国家战略目标和重大需求的国家实验室，聚焦科学前沿方向的国家重点实验室，瞄准国家战略产业技术的国家工程实验室、工程研究中心、工程技术研究中心、企业重点实验室和技术中心的政策倾斜，用于建设战略科学家、大国工匠、青年拔尖人才等一流人才队伍，为人才自主配置团队和绩效奖励提供稳定支持。二是要奖励重点人才。对承担国家重大科技任务，做出重大成果的人才，对领衔重大科技攻关任务的人才，对承担周期长、风险大、难度高的重大科技任务或非共识项目，长期深耕基础性研究，做出重大原创性成果，解决国家战略需求和服务经济社会发展的人才，给予重点奖励。三是要奖励青年人才。完善青年科技人才奖励机制，加大对青年科技人员的奖励力度，鼓励青年人才挑大梁、负重担，在前瞻领域探索引领、在关键领域创新突破。四是奖励转化人才。对推动形成国产化优势的成果转化人才给予奖励，打通科技成果转化的"堰塞湖"，培育高精尖特企业集群，打造更多"隐形冠军"。

第三，全面发挥各类奖励主体的能动作用，切实执行科技奖励的特殊奖励功能。一方面，在奖励主体方面，全面发挥各类主体的能动作用。充分发挥政府奖励的导向作用，加快整合优化各级政府相关奖励措施，真正提高政府奖励的科学性、规范性、权威性和引领性。突出用人单位奖励的基础作用，推动各类法人单位加快完善现代管理制度，稳妥用好相关自主权利，切实有效开展奖励活动。发挥社会力量的积极作用，鼓励支持学术团体、行业协会、基金会等各种社会力量科学规范开展奖励活动，逐步提升社会科技奖励的美誉度、认可度和贡献度。另一方面，要明确不同类型科技奖励的设置领域与奖励标准，用清晰、量化的指标来说明获奖成果需要达到的标准，确保筛选出真正具有突破性、原创性的科研成果；要将常规的科技激励与科技奖励独立实施，避免形成连带效应和辐射效应；要划清不同科技奖励制度的边界，制定合理的评审制度，确保各种奖励之间相互独立，不存在递进关系。

7.3 服务高水平科技自立自强战略的对策建议

国家科学技术奖是一面旗帜，鼓励勇于探索、矢志创新的学术精神，淡泊名利、甘于奉献的道德品质，激励着一代又一代科技人勇攀科学技术高峰。国家科技奖励设立和发展的宗旨是服务于每一个时期国家发展的需求。新时代，围绕实施创新驱动发展战略，构建既符合科技发展规律又适应中国国情的中国特色科技奖励体系，需要结合政府职能转移工作，并对国家科技奖励制度的定位和功能进行新的思考。

国家科学技术奖的作用体现在：第一，导向作用。国家科学技术奖应当与国家重大战略需要和中长期科技发展规划紧密结合。国家加大对自然科学基础研究和应用基础研究的奖励。有针对性地奖励具有开创意义的重大基础研究成果、原创性引领性科技攻关成果、解决国家战略性需求的重大成果（如"揭榜挂帅"产生成果）。第二，激励作用。要实现科技自立自强的发展，融入全球科技竞争，国家科技奖励制度需与国际上的科技奖励和评价的标准对接起来或对标起来，才能实现中国建设世界科技强国宏伟目标。通过奖励具有重大国际影响力的科学发现、具有重大原创性的技术发明、具有重大经济社会价值的科技创新成果，激励自主创新，加强前沿领域前瞻布局和科技创新重大项目部署实施，进一步完善国家创新体系，夯实维护国家安全的科技能力基础。第三，示范作用。国家科学技术奖是我国最高层级的政府科技奖，其奖励范围、奖励对象、奖励数量、评审方式、颁奖形式等方面对我国其他科技奖励，尤其是各级政府奖励有着极强的示范作用。不同时期的科技创新活动有不同的侧重，结合科技发展的内在要求和科技奖励制度在实践中发挥作用的情况，不断完善国家科技奖励制度，以进一步确立其在科技评价中的地位。中国特色的科技奖励制度与科技评价的联系紧密，不同层次、不同类型的科技奖励深刻嵌入科技评价体系中。许多科技资源的分配、科技荣誉的获得，往往都建立在科技奖励的基础上。完善的科技奖励体系应该能包容不同层次、不同内容、不同形式的奖励制度，发挥各类奖项的作用。

国家科学技术奖在科技奖励体系中的定位要与一般的创新活动评价适度分开层次，即在新发展阶段，国家科学技术奖的定位应相应提高。首先，国家科学技术奖代表国家科技评价意志，在新形势下应聚焦奖励具有"中国特色、世界水平"的科技成果。其次，国家科学技术奖应实施并坚持分类评价：国家自然科学奖注重前瞻性、理论性，国家技术发明奖注重原创性、实用性，国家科学技术进步奖注重创新性、效益性。最后，国家应疏解国家科学技术奖承载的过多职能，建立多层次、多类型、多元化的科技奖励体系，鼓励支持、规范发展社会力量设立有影响力的国内和国际奖项，繁荣科技创新，倡导科学家精神。

7.3.1 促进政府科技奖与社会科技奖的协同发展

在西方发达国家的科技奖励体系中，民间社会力量设立的科技奖励是主体，发展成熟、规模可观，在奖项设置、资金管理、奖励推荐和评审等方面积累了丰富的经验。政府不直接干预社会力量科技奖励的发展，而是由社会机构通过市场管理的方式运作，重在激励创新，引导潜心学术研究。在中国，科技奖励制度的实施是国家对科技工作进行宏观调控的重要措施之一，也是对科技工作进行管理的重要手段。中国科技奖励的社会分层主要是按行政级别进行的。国家科技奖励处于权威地位，是最高层级的政府科技奖励，地方各级政府科技奖励的设置和评审方式均仿效国家科技奖进行设置。而社会力量奖励一般不具有"行政级别"，无法与科技管理部门的各种分配制度相配套，因而其社会声望和影响力远远低于政府科技奖励。

因此，国家科技管理部门应积极引导社会力量设立定位准确、学科或行业特色鲜明的科技奖，规范社会科技奖励的运行，努力提高社会科技奖励的整体水平；鼓励若干具备一定资金实力和组织保障的奖励向国际化方向发展，培育若干在国际上具有较大影响力的知名奖励。政府还应该加强对社会力量设奖的支持，比如制定社会力量设奖的奖金免税政策，鼓励提高奖金额度。只有建立集中与分散相结合、多层次、多类型、多元化的科技奖励体系[155]，才能够改变以自下而上递进的纵向结构为特征的科技奖励体系，更好地发挥科技奖励的激励作用。

7.3.2 从奖励科技项目为主转向奖励科技人才为主

相对于国外科技奖励的主要对象是人，我国目前的科技奖励体系仍是以奖励项目为主。近年来，关于加强对科技人才直接奖励的呼声也日益高涨。科技奖励对象直接面向科技人才，这不仅符合国际科技奖励发展的主流，也利于科技奖励的评审管理。2015 年 12 月 14 日，中共中央政治局会议审议通过了《关于建立健全党和国家功勋荣誉表彰制度的意见》。功勋荣誉表彰主要由勋章、荣誉称号、表彰奖励和纪念章 4 个类别组成。近年来，国家最高荣誉"共和国勋章"授予了 9 人，其中杰出科学家有 6 人。《国家中长期科学和技术发展规划纲要》提出，在对项目奖励的同时，注重对人才的奖励。奖励科技人才强化了杰出科技人员的作用和贡献，有助于传播创新思路与方法，树立榜样的力量。

7.3.3 提高科技奖励管理的专业水平

随着科学技术的迅速发展和科技管理越来越专业化，科技奖励的管理也将越来越专业化。科技奖励专业化意味着把科技奖励的提名、评审作为一种专门职业，按照科技奖励管理的专业知识规范和职业规范来培养从业人员，使他们具有必要的科技专业知识、职业操守、道德诚信和管理能力，以保证科技奖励工作科学公正实施。目前，我国从事政府科技奖励和社会科技奖励的管理人员与兼职人员有 2000～3000 人，每年参与奖励评审的专家有 2 万～3 万人次。2020 年 10 月新修订的《国家科学技术奖励条例》，对完善科技奖励的评审职责、评审标准、评审程序等制度都有明确的规定，对奖励活动各主体，包括奖励工作组织和管理人员，要求加强科技奖励诚信体系建设，加大对科技奖励的监督惩戒力度等，并规定了相应的法律责任。随着依法行政、依法奖励的要求越来越高，对科技奖励管理人员的专业化要求也会越来越高。

7.3.4　科技奖项设置更注重科技战略的需求和学科发展

世界科学技术奖励制度的形成和发展是科学技术迅速进步直接推动的结果，也与国家的战略方针有很大的关系。对于一个国家来说，科技奖励的作用主要是激励科技人员为国家经济社会发展和科技发展战略服务，促进综合国力的提升。国家"十四五"规划纲要提出，"坚持创新在我国现代化建设全局中的核心地位，把科技自立自强作为国家发展的战略支撑，面向世界科技前沿、面向经济主战场、面向国家重大需求、面向人民生命健康，深入实施科教兴国战略、人才强国战略、创新驱动发展战略，完善国家创新体系，加快建设科技强国"。因此，不管是政府科技奖励还是社会科技奖励，将以激励科技自立自强为主要目标，重视"从0到1"的突破，加大对基础研究和技术发明原始创新的奖励力度，加强对一些新兴学科、边缘学科、交叉学科的奖励及对科学技术普及的奖励等。实现这些目标，一是要增设新的奖项；二是要增加这些领域的获奖比例和奖金额度。近年来，一些新设的社会科技奖项就反映了这一特点，如近几年设立的奖项有中国人工智能学会设立的吴文俊人工智能科学技术奖；北京怀柔未来论坛科技发展中心设立的未来科学大奖，其奖金为100万美元；腾讯公益慈善基金会设立的科学探索奖等。

7.3.5　建立健全奖励后绩效评估制度

国家科技奖励制度的改革和完善，应该覆盖科技奖励体系的全过程，包括"制度设计—评审过程—奖励效果"三大环节。目前来看，对奖励效果的关注比较少。加强奖励后评估，建立奖后跟踪与服务长效机制，有利于及时发现科技奖励评审存在的问题，进一步考察授奖项目实际效益，合理评价国家科技奖励制度运行绩效，提升国家科技奖励质量管理体系。例如，有针对性地选择一些成果，在评奖一到两年后开展后评估工作，能保持获奖项目的研究和推广应用的延续性。根据三大奖项侧重人物和侧重项目的不同，后绩效评估制度的建立也应该针对三类奖项做出不同的规定。例如，侧重科技人物的奖励应该纳入科学家精神、社会公众的评价、专家同行的评价等维度的考量；侧重项目的奖励，则应该纳入经济和社会效应的具体指

标。建立健全国家科技奖励项目的后绩效评估制度有四个方面的作用：有利于推动
科技成果获奖后的进一步探索、应用或推广；有利于优化奖励的学科布局和领域遴
选；有利于营造风清气正的科技奖励学术生态；有利于宣传科技奖励的成果和科技
奖励的文化。

后　记

　　科技奖励制度是社会尊重知识、尊重劳动、尊重创造、尊重人才的具体体现，也是激励知识分子不断创新的重要手段，这种激励效应在科学界产生了多方面的正面影响。首先，它提高了科研人员追求高风险、高回报研究项目的意愿，激励科学家去探索那些可能对社会产生巨大影响的科学问题，这些项目往往需要较长时间的投入，且成功的不确定性大，在没有奖励机制指引的情况下可能会被忽视。其次，对原创性和创新性成果的表彰吸引了更多科研人员投身基础科研工作，激励不同行业科研人员攀登科技高峰。最后，科技奖励能够提升获奖者所在机构的声誉，吸引更多的资金和资源，从而创建一个有利于创新研究的环境。需要指出的是，在激励原创性和创新性的同时，科技奖励制度需要精心设计，以避免潜在的负面效应，如过度竞争可能导致的科研不端行为。此外，由于科研资金往往有限，一个明确的奖励方向实则在引导研究方向和优先发展领域，避免资源分散和浪费。科技奖励制度的设置提供了一种有效的政策工具，能够通过表彰和奖励来引导科研人员和机构的研究方向，支持国家和社会的长期发展目标。通过设置奖项类别和评审标准，奖励制度可以显著影响研究的重点领域，促进特定科技领域的研究和发展。

　　科技奖励制度的导向性功能是对科学探索和技术创新的一种“信号效应”。这种信号向科研界表明了政策制定者和学术机构对某些研究领域的高度重视，从而使研究资源的重新配置和研究努力的重新聚焦。例如，美国国家科学基金会（NSF）每年颁发的“国家科学奖”就是一个引导科研方向的典型案例。通过该奖项，NSF强调了对基础科学研究的支持，尤其是那些具有长远意义和潜在社会影响的研究项目。这样的奖励制度通常会鼓励研究人员将注意力转移到这些领域，因为它不仅提供了资金支持，还提供了职业认可。例如，中国政府设立的国家自然科学奖、国家技术发明奖和国家科技进步奖，这些奖项不仅奖励那些在科学探索和技术创新上取得重大成就的个体或团队，还通过奖项设置，明确了国家科技发展战略中的优先领域，如新能源技术、人工智能、生物医药等。这种奖励机制相较于纯粹的市场导向，更能有效地引导科研资源流向那些对国家经济和社会发展具有战略意义的领域。

　　国家科技奖励制度与国家的发展密切联系，是非常重要的荣誉激励机制，激励全国科研人员投身国家科技事业，对科研人员、团队以及领域的贡献进行鼓励，从而在社会形成示范效应。这些年国家科技形势呈井喷式发展，在量子科学、空间科学、铁基超导、干细胞、合成生物学等基础领域取得了一系列彰显国家科技实力的重大原创成果，高被引论文数占世界总量的 30.8%，成为全球知识创新的重要贡献者。经过多次改革，我国国家科技奖励工作已经取得很大的成果，但任何一项工作都需要不断自我革新以及不断完善，针对科技奖励制度中存在的问题进行改革是必要的。新形势下的科技奖励工作也要围绕新的定位和要求而展开，即服务高水平科技自立自强和建成世界科技强国，激励科研人员通过科技创新报效祖国，激发科研人员坚定赶超世界水平的雄心。

值得注意的是，科技奖励制度的设计决定了行动者网络的关系，在科技发展的过程中科技奖励制度不断演化，奖励制度的设计和实施需要精心考量，确保其能够反映并支持公共利益，同时促进科学研究的多样性和创新。奖励标准的设定应当确保公平性和透明性，鼓励真正有价值的科研探索，并且奖励机制应当与科研评价系统形成有效衔接，共同促进科学知识的健康发展。科技奖励制度对于塑造和强化创新文化具有显著的作用。创新文化是指在一定社会或组织范围内形成的，对创新持开放态度、鼓励创新行为并为创新活动提供支持的价值观、信仰、习惯和行为模式的总和。科技奖励制度通过表彰那些在科学研究和技术创新领域做出杰出贡献的个体或团队，不仅认可了创新成果，而且弘扬了创新精神，激发了科研人员的创新动力，从而营造了一种鼓励探索、重视创新的氛围。可以将这种现象描述为"正向反馈循环"，在这个循环中，奖励制度增强了社会对创新的期待和认可，进而激励了更多的创新行为，最终形成了自我强化的创新文化。

总而言之，在科技飞速发展的新时代与国家经济增长的转型过程中，国家科技奖励作为衡量国家科技发展最高水平的重要奖项，更要突出支持高水平科技自立自强的战略导向，要能反映面向世界科技前沿、面向国家重大需求、面向国民经济主战场，能够准确把握时代特征和紧扣科技发展趋势，使国家科技奖励成为科学、技术、创新发展的风向标和驱动力。因此，国家科技奖励制度设计要能引导社会创新氛围的培育，展现科技创新成果的发展，引领我国经济发展新常态，促进我国科技事业的健康发展，推进中国式现代化。

参 考 文 献

[1] 周建中. 中国不同类型科技奖励问题与原因的认知研究 [J]. 科学学研究，2014(9): 1322-1328.

[2] 尚智丛，张真芳，杨辉. 我国科技奖励体制目标与功能的思考 [J]. 2007(12): 54-60.

[3] 牛芳. 科学共同体内部奖与外部奖的比较分析 [C]// 山西大学 2008 年全国博士生学术论坛（科学技术哲学），2008，9: 550-555.

[4] 周建中，肖雯. 我国科技奖励的定量分析与国际比较研究 [J]. 自然辩证法通讯，2015(8): 95-103.

[5] 杨立雄，邝小军. 从功能主义到交换理论：科学奖励系统研究的范式转变 [J]. 自然辩证法研究，2005(2): 44-54.

[6] 倪迅. 科技创新：重塑"指挥棒" [N]. 光明日报，2012-07-27.

[7] 吴恺. 国内外科技奖励制度研究现状综述 [J]. 大庆师范学院学报，2012，7: 125.

[8] 熊小刚. 国家科技奖励制度运行绩效评价研究 [J]. 中国科技论坛，2013，3: 32-38.

[9] 姚昆仑. 国外有关科技奖励理论的评述（上）[J]. 中国科技奖励，2006，8: 66-69.

[10] 张宣平，王炎坤，邹珊刚. 科学奖励制度形成的历史依据和理论依据——兼论奖励制度和专利制度的关系 [J]. 自然辩证法研究，1993，1: 58-62.

[11] R. K. 默顿.《科学社会学》下. 北京：商务印书馆，2003.

[12] COLE J R, COLE S. Social stratification in science[M]. University of Chicago Press, Chicago, 1973: 5.

[13] GASTON J. The reward system in British and American science. John Wiley & Sons.Inc, 1978: 176.

[14] BARBER B. Social stratification: A comparative analysis of structure and process[M]. Blaise world Press, 1957: 2.

[15] ZUCKERMAN H. Scientific Elite[M]. The Free Press, New York, 1977:378-393.

[16] 李强，钟书华. 国外科技奖励"激励－竞争机制"研究述评 [J]. 科技管理研究，2010(12): 25-28.

[17] BARNES B. Kuhn T S and Social Science[M]. London: Macmillan, 1982.

[18] LATOUR B, WOOLGAR S. Laboratory life: The construction of scientific facts[M]. Princeton University Press, 1986: 187-230.

[19] 宋丽君. 社会交换理论取代默顿功能主义范式的必然性 [J]. 沧桑，2007(6): 131-132.

[20] HAGSTROM W O. The scientific community[M]. New York: Basic Books, 1965.

[21] 小摩里斯·N·李克特. 科学是一种文化过程 [M]. 顾昕，等译. 北京：三联书店，

1989.

[22] 鲍健强, 苗阳. 论后学院时代的科学奖励系统——超越默顿范式 [J]. 科学学与科学技术管理, 2009(4): 40-45.

[23] 王志伟, 徐琴. 科学奖励研究的默顿范式及其存在问题 [J]. 自然辩证法研究, 2000(11): 23-27.

[24] 哈里特·朱克曼. 科学界的精英——美国的诺贝尔奖金获得者 [M]. 周叶谦, 等译. 北京: 商务印书馆, 1979.

[25] BAFFES J, VAMVAKIDIS A. Are you too young for the Nobel Prize?[J]. Research Policy, 2011, 40: 1345-1353.

[26] 杰里·加斯顿. 科学的社会运行——英美科学界的奖励系统 [M]. 顾昕, 等译. 北京: 光明日报出版社, 1988.

[27] MCGRAYNE S B, MIELCZAREK E V. Nobel Prize women in science: Their lives, struggles, and momentous discoveries[J]. Journal of Heredity, 1994, 61(3): 1155.

[28] MASON J. Room at the top for Women? Nobel Prize women in science by Sharon Bertsch McGrayne[J]. Trends in Genetics, 2000, 16(2): 96-97.

[29] CHARLTON B G. Scientometric identification of elite 'revolutionary science' research institutions by analysis of trends in Nobel prizes 1947-2006[J]. Med Hypotheses, 2007, 68: 931-934.

[30] CHARLTON B G. Which are the best nations and institutions for revolutionary science 1987-2006? Analysis using a combined metric of Nobel prizes, Fields medals, Lasker awards and Turing awards (NFLT metric)[J]. Medical Hypotheses, 2007, 68(6): 1191-1194.

[31] GOLDSTEIN J L. The rule of Three for Prizes in Science and the Bold Triptychs of Francis Bacon[J]. Cell, 2016, 167(1): 5-8.

[32] CHARLTON B G. Why there should be more science Noble Prizes and laureates-and why proportionate credit should be awarded to institutions[J]. Medical Hypotheses. 2007, 68(3): 471-473.

[33] 罗伯特·马克·弗里德曼. 权谋: 诺贝尔科学奖的幕后 [M]. 杨建军, 译. 上海: 上海科技教育出版社, 2005.

[34] JAGSI R, GUANCIAL E A, Worobey C C, et al. The "gender gap" in authorship of academic medical literature–a 35-year perspective[J]. N Engl J Med, 2006, 355(3): 281-287.

[35] SILVER J K, BHATNAGAR S, BLAUWET C A, et al. Female physicians are underrepresented in recognition awards from the American Academy of Physical Medicine and Rehabilitation[J]. Pm & R the Journal of Injury Function & Rehabilitation, 2017: 976-984.

[36] BOZEMAN B, YOUTIE J. Socio-economic impacts and public value of government-funded research: Lessons from four US National Science Foundation initiatives[J]. Research Policy, 2017, 46: 1387-1397.

[37] LINCOLN A E, PINCUS S, KOSTER J B, et al. The matilda effect in science: awards and

prizes in the US, 1990s and 2000s[J]. Social Studies of Science, 2012, 42(2): 307.

[38] SCHÖGLER R Y. Awards, public recognition, and evaluation[J]. International Encyclopedia of the Social & Behavioral Sciences, 2015: 332-337.

[39] THROWER P A. Awards and prizes[J]. Materials Today, 2011, 14(11): 510.

[40] 周辉，王进，朱星，等. 北京大学获国家级科技奖励分析——兼谈科技奖励在创建世界一流大学中的作用 [J]. 北京大学学报 (自然科学版)，2002(3): 442-446.

[41] 吴恺. 国内外科技奖励制度研究现状综述 [J]. 大庆师范学院学报，2012，7: 128.

[42] 危怀安，胡晓军. 国家科技奖励获奖成果的经济效益分析 [J]. 科研管理，2007，28(2): 146-151.

[43] 王福涛. 国家科技奖励成果的转化与应用分析 [J]. 中国科技论坛，2006(4): 32-35.

[44] 廖少纲. 从统计学的角度看国家科技奖励成果的几个特点 [J]. 科技与管理，2010，12(6): 36-39.

[45] 刘刚. "九五"国家三大科学技术奖励回顾与分析 [J]. 中国科技论坛，2003，(1): 96-100.

[46] 张军亮. 我国自然科学领域的合作研究分析——以 2008—2013 年国家自然科学奖为例 [J]. 科技管理研究，2016，36(5): 248-253.

[47] 王福涛. 从国家自然科学奖看我国基础研究学科优势分布 [J]. 科学管理研究，2006,(1): 52-55.

[48] 周志娟. 科学社会学视角中的科技奖励 [J]. 中国科技奖励，2007，(3): 76-79.

[49] 黄祖军. 科学奖励范式转换——从普遍主义到建构主义 [J]. 科学学与科学技术管理，2009，4: 53-57.

[50] 熊小刚. 科技奖励运行绩效评价研究述评 [J]. 科技管理研究，2012，9(18): 24.

[51] 赵万里. 我国科学奖励制度探析 [J]. 科学学研究，1990，8(4): 70-78.

[52] 成良斌，李晓立，王炎坤. 中外科技奖励制度的主要区别 [J]. 科学技术与辩证法，1998，10(5): 41-43.

[53] 李程程. 我国科技奖励体制发展的路径选择 [J]. 科技进步与对策，2009，5(9): 40-43.

[54] 杨忠伟，钟书华，王炎坤. 面向 21 世纪的中国科技奖励体制改革 [J]. 中国科技奖励，2005(3): 86-87.

[55] 张功耀，罗娅. 我国科技奖励体制存在的几个问题 [J]. 科学学研究，2007 (12): 350-353.

[56] 奉公，刘佳男，余奇才. 科学技术奖励海荐制与申报制的比较研究 [J]. 科学学与科学技术管理，2013，7: 19-27.

[57] 焦贺言. 论我国民间科技奖励与国家科技奖励差异 [J]. 中国科技奖励，2004(2): 75-78.

[58] MERTON R K. The Matthew effect in science: The Reward and communication system in science[J]. Science, 1968, 159(3810): 56-63.

[59] 熊小刚. 科技奖励运行绩效评价研究述评 [J]. 科技管理研究，2012，9(18): 25.

[60] 王炎坤，钟书华. 科技奖励中的时空效应 [J]. 科学学与科学技术管理，1992(11): 28-30.

[61] 张忠奎. 科技奖励 [M]. 北京：科学出版社，1991.

[62] 徐顽强，李华君. 科技奖励边际激励效用的影响因素及其优化对策 [J]. 华中科技大学学报 (社会科学版)，2009，23(l): 93-98.

[63] 刘爱玲，王平，宋子良. 科技奖励评审过程的研究 [J]. 科学学研究，1997，3: 49-55.

[64] 刘爱玲. 科技奖励活动中越轨现象探因 [J]. 科学学研究，1997，9: 65-68.

[65] 竹立家. "屠呦呦现象" 反思 [J]. 人民论坛，2015(30): 7.

[66] 陈其荣. 诺贝尔自然科学奖与创新型国家 [J]. 上海大学学报 (社会科学版)，2011，18(6): 1-21.

[67] 李正风，张改珍. 科学奖励中的个人与集体——以青蒿素获奖引发争论事件为例 [J]. 科学学研究，2015，33(6): 810-814.

[68] 李伯聪. 科学社会学视野中的屠呦呦获诺奖 [J]. 自然辩证法通讯，2016，38(1): 19-24.

[69] 周程. 屠呦呦与青蒿高抗疟功效的发现 [J]. 自然辩证法通讯，2016，38(1): 1-18.

[70] 周程. 屠呦呦与国家科技奖励工作办公室的一段纠葛——2003 年度玛希隆医学奖引发的认识冲突 [J]. 工程研究 - 跨学科视野中的工程，2016，8(3): 231-249.

[71] 余化刚. 国家科技奖励制度改革的若干思考 [J]. 中华医学科研管理杂志，2001(1): 35-36.

[72] 黄忠德，李雪梅，谢海波，等. 国外政府设立的科技奖励的基本情况、特点及对我国政府设立的科技奖励的思考 [J]. 科技管理研究，2010，30(6): 253-256.

[73] 吴莹，卢雨霞，陈家建，等. 跟随行动者重组社会——读拉图尔的《重组社会：行动者网络理论》[J]. 社会学研究，2008(2): 218-234.

[74] 布鲁诺·拉图尔. 科学在行动：怎样在社会中跟随科学家和工程师 [M]. 刘文旋，郑开，译. 北京：东方出版社，2005.

[75] 王春梅. 基于行动者网络理论的区域创新体系进路研究——以南京为例 [J]. 科技进步与对策，2012，12: 52-55.

[76] 李峰，肖广岭. 基于 ANT 视角的产业技术创新战略联盟机制研究 [J]. 科学学研究，2014，6: 835-840.

[77] 左璜，黄甫全. 行动者网络理论的社会科学方法论意蕴 [J]. 自然辩证法研究，2013，9: 62-65.

[78] 贺建芹，李以明. 行动者网络理论：人类行动者能动性的解蔽 [J]. 科技管理研究，2014，11: 241-244.

[79] LATOUR. Reassembling the social: An introduction to actor-network-theory [M].New York: Oxford University Press, 2005.

[80] LATOUR. Science in action: How to follow scientists and engineers through society[M]. Cambridge: Harvard University Press, 1987: 124.

[81] 沈红卫，刘宇，李洁. 论我国国家科技奖励评审公开制度的完善 [J]. 科技管理研究，2013，5: 25-29.

[82] 姚昆仑. 科学技术奖励综论 [M]. 北京：科学出版社，2008: 90-99.

[83] 朱玲. 我国现行科技奖励机制的问题及对策研究 [D]. 重庆：重庆大学贸易与行政学院，2006.

[84] 李雄文，姚昆仑. 新中国的科技奖励制度 [J]. 西南师范大学学报（人文社会科学版），2001，27(3): 138-143.

[85] 中国科学院科学奖金暂行条例. 1955.

[86] 德馨. 新中国第一次科学奖颁发始末 [J]. 山东人大工作，2009(3): 48.

[87] 姚昆仑. 科学技术奖励综论 [M]. 北京：科学出版社，2008: 90-99.

[88] 中央人民政府政务院关于奖励生产的发明、技术改进及合理化建议的决定. 1950.

[89] 有关生产的发明、技术改造及合理化建议的奖励暂行条例. 1954.

[90] 熊小刚. 国家科技奖励制度运行绩效评价 [M]. 北京：社会科学文献出版社，2013: 54.

[91] 韩亚光. 中国共产党对知识分子阶级属性认识的曲折过程 [J]. 当代中国史研究，2006(3): 9-17+125.

[92] 韩亚光. 邓小平对党的知识分子理论和政策的贡献 [J]. 辽宁省社会主义学院学报，2006(1): 4-5.

[93] 关于国家自然科学奖申报、评审的若干说明. 中国科学基金，1988.

[94] 张忠奎. 我国科技奖励方针政策综述 [J]. 中国科技奖励，1995(1): 25-26+30.

[95] 国家科学技术奖励条例. 中国人才，2004.

[96] 中华人民共和国科学技术部. 关于深化科技奖励制度改革的方案 [E/OL]. 2017-06-09.

[97] 杨伊静. 科技奖励制度改革促进科技发展、激发人才创新活力《国家科学技术奖励条例》第三次修订 [J]. 中国科技产业，2020，12: 21.

[98] 尚智丛，唐素琴，杨辉. 我国社会科技奖励调查分析 [J]. 自然辩证法通讯，2009，31(5): 50-55.

[99] 任晓亚，张志强. 科技发达国家社会科技奖励制度的特点及其启示 [J]. 科学学研究，2021，39(11): 1936-1946.

[100] 张杨. 国家科技奖励的评审机制研究 [J]. 评价与管理，2007(3): 76-80.

[101] 姚昆仑. 国外有关科技奖励理论的评述 (上)[J]. 中国科技奖励，2006，8: 66-70.

[102] 韩寅，陈发俊. 默顿理论与拉图尔关于科学奖励机制理论的比较 [J]. 科技管理研究，2011，9: 216-220.

[103] 国家科学技术奖励委员会章程 [J]. 中国科技奖励，2000，8(4): 9-10.

[104] 国家科技奖励工作办公室. 2011 年度国家科学技术奖励初评会议项目答辩有关要求 [J]. 中国科技奖励，2011，5: 14.

[105] 孟宪飞，李正风. 基于 ANT 视角的国家科技奖励评审过程研究 [J]. 科学学研究，2016，34(10): 1458-1464.

[106] 李兵，李正风. 基于 AMT 视角的国家科技计划课题制实施过程研究 [J]. 科技进步与对策，2012，7: 6-10.

[107] CALLON M. Some elements of a sociology of translation: Domestication of the Scallops and the Fishermen of Saint Brieuc Bay[M]. The Science Studies Reader. New York and London,

Routledge: 67-83.

[108] 刘磊. T 县超级稻技术扩散的行动者网络研究 [D]. 北京：清华大学，2016.

[109] 王增鹏. 巴黎学派的行动者网络理论解析 [J]. 科学与社会，2012，2(4): 28-43.

[110] LAW. On the methods of long distance control: Vessels, navigation, and the portuguese route to India[M]. Power, Action and Belief: A New Sociology of Knowledge? Sociological Review Monograph, 32: 234-263.

[111] 国家科学技术奖励工作办公室. 2015 年度国家科学技术奖励推荐工作手册. 2015.

[112] 吴佳珅. 国家科技奖励网评阶段全面实行"全盲管理模式" [J]. 科技致富向导，2014.

[113] 赵永新. 2014 国家科技奖闪耀七大亮点 [N]. 人民日报，2015.

[114] 贺建芹，李以明. 行动者网络理论：人类行动者能动性的解蔽 [N]. 科技管理研究，2014，11: 241-244.

[115] 陈惠湘. 联想为什么 [M]. 北京：北京大学出版社，1997.

[116] 国家科技进步奖二等奖候选项目被取消资格原因公布 [Z/OL]. 2016-09-10，科技日报.

[117] 刘垠. 国家科学技术奖对违纪行为零容忍 [N]. 科技日报，2016-09-10.

[118] 关于撤销涡旋压缩机设计制造关键技术研究及系列产品开发项目国家科学技术进步奖二等奖的决定 [EB/OL]. (2011-02-01).

[119] 科技奖造假奖项被撤销续：举报者称课题未经研究 [EB/OL]. (2011-02-12).

[120] 西安交大称主动申请撤销国家科技奖造假奖项 [EB/OL]. (2011-02-12).

[121] 文清. 维护国家科技奖励的严肃性 [J]. 中国科技奖励，2011，2: 3.

[122] 唐爱国. 国家科技奖励是通向院士大门的敲门砖吗？[J]. 社会科学管理与评论，2012(3): 31-36.

[123] 龚春红. 科技奖励制度存在的主要问题及对策 [J]. 中国科技奖励，2005(6): 66-68.

[124] 韩启德. 科协主席批评科技奖励制度称：助长学术浮躁 [J]. 水利水电技术，2011，10: 136.

[125] 张功耀. 从诺贝尔奖的评奖制度说起 [J]. 研究与发展管理，2002(10): 10-15.

[126] 中华人民共和国科学技术部. 关于深化科技奖励制度改革的方案[EB/OL]. (2017-06-09).

[127] 杨伊静. 科技奖励制度改革促进科技发展、激发人才创新活力《国家科学技术奖励条例》第三次修订 [N]. 中国科技产业，2020，12: 12.

[128] 教育部，教育部科技司关于组织开展 2020 年度国家科学技术奖教育部提名工作的通知 [EB/OL]. 2019.

[129] 国家科学技术奖励工作办公室. 国家科学技术奖励工作办公室公告第 95 号 [EB/OL].

[130] 银丽萍，张向前. 面向 2035 年我国青年科技人才荣誉激励研究 [J]. 经济与管理，2021，3: 129-132.

[131] 姚昆仑. 20 世纪全球科技奖励的发展及特点分析 [J]. 中国科技奖励，2008(2): 30-33.

[132] 吴恺. 中国科技奖励制度的理论与实践 [M]. 北京：中国社会科学出版社，2014.

[133] Nomination& Selection Guidelines [EB/OL].

[134] The Enrico Fermi Award [EB/OL].

[135] National Medal of Science [EB/OL].

[136] National Science Foundation [EB/OL].

[137] National Medal of Technology and Innovation [EB/OL].

[138] 谈戈. 英国科学类科技奖励授奖仪式 [J]. 中国科技奖励，2018，232(10): 67-70.

[139] 赵小平，王果. 中英科技奖励主体比较 [J]. 科学之友，2010(32): 122-124.

[140] 郭炎. 法国国家和民间科学技术奖励情况 [J]. 全球科技经济瞭望，1998(2): 59-61.

[141] 夏婷，宗佳. 法国科技评估制度简析及对我国的启示 [J]. 学会，2018(5)，48.

[142] 顾海兵，姜杨. 法国科技评估体制的研究与借鉴 [J]. 上饶师范学院学报，2004(4): 1- 5.

[143] 方在庆. 持续不间断地推进科研体制创新——德国成为世界科技强国之路 [J]. 中国科学院院刊，33(5): 502-508.

[144] 江晓渭. 德国科技奖励概况和莱布尼茨奖 [J]. 中国科技奖励，2000，8(3): 24-27.

[145] 彬玉，德国的洪堡奖与洪堡基金会 [J]. 中国科技奖励，2005(9): 70-72.

[146] 杜瑞芳. 专利制度与科技奖励制度的法经济学思考 [J]. 社会科学家，2003(1): 67-71.

[147] 高洪善. 美国的国家科技奖励及特点 [J]. 中国科技奖励，2002(4): 72-75.

[148] 尹岩青，李杏军，任惠民. 国外科技奖励的发展现状与启示研究 [J]. 科技管理研究，2013，33(20): 36-39.

[149] 高洪善. 美国的国家科技奖励及特点 [J]. 中国科技奖励，2002(4): 72-75.

[150] 叶小梁，汪凌勇. 发达国家科技奖励制度分析 [J]. 科学对社会的影响，2003(1): 5-8.

[151] 成良斌，钟书华，李晓立. 中外科技奖励制度的文化背景分析 [J]. 软科学，1999，12: 82-84.

[152] 王涵锳. 中外科技奖励制度的比较研究 [D]. 重庆：重庆大学，2010.

[153] 肖丹，涂兴佩. 激发科技工作者创新活力 促进科技奖励健康发展——《国家科学技术奖励条例》修订解读（上）[J]. 中国科技奖励，2020，11: 14-16.

[154] 孟宪飞，杨芳，汪丽娅，等. 新形势下我国国家科技奖励制度改革思考与路径探索 [J]. 科技管理研究. 2022(13): 23-27.

[155] 李娜. 知识经济时代我国科技奖励的制度困境及其路径优化研究 [J]. 知识经济，2016，10: 14-15.

观察和访谈对象及访谈提纲范例

　　出于对被观察者信息的保密，被观察者由字母或者字母数字组合代号表示。本书累计采用参与式观察方式，长期跟踪，参与 19 位大学教授报奖全过程，时间跨度短则 9 个月，长则 30 个月。

　　出于对被调研访谈人信息的保密，被访谈人统一用受访者代表。每位受访者均被面对面访谈 2 次。

　　访谈提纲一

　　（1）您单位多年来一直是国家科技奖的推荐单位，作为推荐单位你们遇到哪些问题？

　　（2）请问您单位如何从众多报奖项目中遴选项目推荐国家科技奖？流程如何？

　　（3）请问您认为现行国家科技奖评审程序是否合理？是否公平、公正、公开？

　　（4）请问您认为现行国家科技奖的评价指标是否恰当？有哪些不足和需要完善之处？

　　（5）请问您怎样看待国家科技奖励评审中出现的各种越轨现象？

　　（6）请问您认为国家科技奖励评审的监督是否到位？还有哪些有待改进的地方？

　　（7）您认为学会、协会等科技奖励发展遇到了哪些问题，需要哪些政策支持？

　　访谈提纲二

　　（1）请问您认为我国的国家科技奖励体系及相关制度应该如何进一步发展？

　　（2）请问您认为现行国家科技奖评审程序是否合理？是否公平、公正、公开？

　　（3）请问您认为现行国家科技奖的评价指标是否恰当？有哪些不足和需要完善

之处？

（4）请问您怎样看待国家科技奖励评审中出现的各种越轨现象？

（5）请问您认为国家科技奖励评审的监督是否到位？还有哪些有待改进的地方？